バターなしで
リッチに仕上げる
オイルケーキ

初心者でも失敗なし！

ニューヨークの街角にあるコーヒーショップでは、
コーヒーと一緒に、クラシカルでちょっぴり
無骨なオイルケーキが並べられています。
素朴でシンプルだからこそ、
素材を工夫し、工程を大切にしています。
いままで誰も教えてくれなかった、
バター不使用なのに本当においしい
リッチなオイルケーキをご紹介します。

講談社

ワタシのオイルケーキポイント

Point 1 思い立ったときに手早くできる！

バターを使ったお菓子は、バターを室温に戻したり、他の材料もその温度に合わせたりと準備段階でちょっとめんどうなハードルがあります。それに対し、オイルは室温での保存が基本ですし、卵も冷蔵庫から出したてでも作ることができます。温度調整の部分でむずかしくなく、使う材料も身近なものが多いことも魅力です。

Point 2 〝オイルと卵〟は乳化が簡単！

お菓子作りでは、「油脂と水分をしっかりと乳化させること」が重要ポイント。分離したまま先に進むと、焼き上がりの食感がパサつき、レシピの持ち味が最大限に発揮できません。〝バターと卵を乳化させる〟のにはそれなりの技術が必要ですが、〝オイルと卵〟の乳化は基本的に泡立て器で混ぜればどなたでもできるものです。

Point 3 野菜などの具材をたくさん入れられる！

バターケーキにも具材は入れられますが、たっぷり入れるとせっかく乳化したベースが再び分離したり、扱いがとてもデリケート。オイルケーキは、驚くほどたくさんの具材を入れてもベースが分離せずに仕上げることができます。その特性を生かして、できるだけたくさんの具材を入れて、ひとつひとつのお菓子の特徴が生きるように考えています。

Point 4 素材に応用がきく！

植物性のオイルを使用するのが基本ですが、オイルの種類や砂糖の種類など、基本的にはお好きなものに替えていただいても工程の中で大きな問題は出ない、懐の深さがあります。

私としては、良質な素材を使うことを大前提に、あまり偏りすぎず、美味しさと使用する材料の選択のバランスをとるように心がけています。

Contents

※（S）はセイボリーの意味で、食事にもなる塩味の甘くないタイプです。

Part 1
この本のオイルケーキは3タイプ

タイプ1 「オイル＋卵」を泡立て器で乳化

01
シナモンシュガーマフィン

シンプルな生地をサッと作って、シナモンのきいた
しっとりとしたフィリングを挟んで焼くとリッチな味わいに。
その食感と風味のコントラストを楽しんでください。

作り方► P.8

Step 1

泡立て器をボウルの底につけたまま
オイルと卵を静かに混ぜる

Step 2

なめらかになるまで
よく混ぜて乳化させる

01
タイプ1 シナモンシュガーマフィン

材料（直径7㎝マフィン型6個分）

菜種オイル…70g
卵…1個
牛乳…100g
A
薄力粉…100g
アーモンドパウダー…40g
ブラウンシュガー…100g
ベーキングソーダ…小さじ1
シナモン…大さじ1
塩…ひとつまみ

〈シナモンシュガーフィリング〉
菜種オイル…6g
ブラウンシュガー…36g
アーモンドパウダー…15g
シナモン…3g
くるみ…20g

下準備

▼型に紙カップを敷く。
▼オーブンを180℃に温める。
▼a Aを一緒にふるっておく。
▼くるみをローストし（下記参照）、粗くきざむ。

アーモンドパウダーとブラウンシュガーがザルに残る。

手でこす。

それでも残ったものは、ザルを返してボウルの中に入れる。

ナッツのロースト（500gで説明）

オーブンを150℃に温め、ナッツを天板に並べて焼く。

8分前後で1度取り出し、スプーンなどでざっくりと混ぜる。再び入れて5分で取り出す。

粗熱が取れたら、乾燥剤と共に保存袋に入れ、冷暗所で1ヵ月保存可。※高温多湿は避ける。

❶ シナモンシュガーフィリングを作る

1 ボウルにくるみ以外のシナモンシュガーフィリング材料を入れ、ゴムべらでしっとりするまでよく混ぜる。

2 くるみを加え、さらに混ぜる。

❷ 乳化させる

3 ボウルに菜種オイル、卵を入れ、泡立て器で混ぜて乳化させる。

❸ 混ぜる

4 牛乳を加え、ゴムべらで静かに混ぜる。

5 Aを入れ、ゴムべらでツヤが出るまでよく混ぜる。

❹ 型に入れて焼く

6 型の半分の高さまでアイスクリームディッシャーで入れる。

7 上に2を大さじ1杯ずつ入れる。

8 6の残りを均等に分けて入れる。

9 上に残りの2を均等に分けてかける。

10 180℃のオーブンで25分焼く。

タイプ2 「オイル＋卵＋砂糖」をゴムべら（泡立て器）で乳化

02
コーラケーキ

コーラを使うのは驚きかもしれません。ケーキに入れて焼くと
砂糖では出せない特徴ある風味が残ります。
マシュマロのチューイーな食感とともにお召し上がりください。

作り方►P.12

Step 1

オイル、卵、砂糖を
ゴムべら（泡立て器）で手早く混ぜる

Step 2

少し白濁するまで
よく混ぜて乳化させる

02

タイプ2

コーラケーキ

材料（直径17㎝のシフォン型1台分）

菜種オイル…100g
卵…1.5個
グラニュー糖…185g
※コーラ…150g
A
- 薄力粉…180g
- ベーキングソーダー…小さじ¾
- ※ココアパウダー…10g
- 塩…小さじ¼

バターミルク（P.75参照）…35g
※マシュマロ…35g

下準備

▼型にハケでオイルを塗り、うすく粉をはたく（材料表外）。
▼オーブンを180℃に温める。
▼ a Aを一緒にふるっておく。

a ココアがザルに残る。

手でこして、ボウルの中に入れる。

※コカコーラ。ゼロカロリーコーラや他のメーカーなど様々ありますが、コカコーラのプレーンなタイプがおすすめ。

※ココアパウダー。種類は何でも大丈夫。無糖のお好きなものをお選びください。ココアの味がダイレクトに出るので、新鮮なものを使ってください。

※マシュマロ。小さめのサイズでプレーンな味を選びます。

❶ コーラを熱する

1 鍋にコーラを入れ、中火にかけて軽く沸かし、炭酸をとばす。

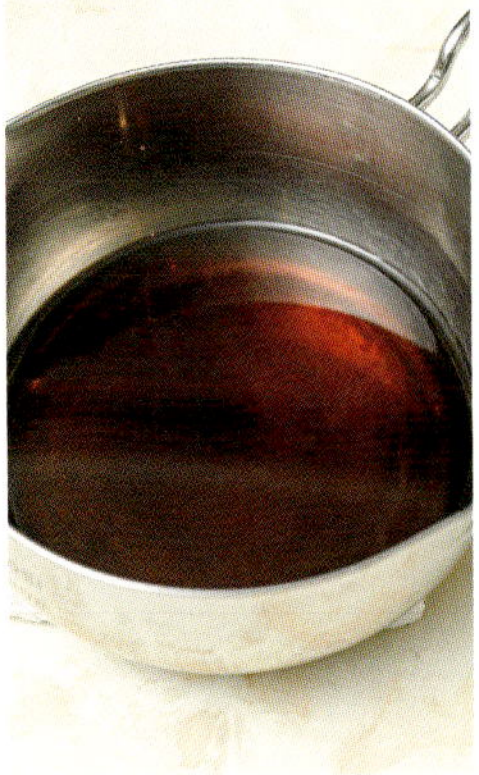

沸騰する前に火を止めて、冷ましておく。

❷ 混ぜる

2 ボウルに菜種オイル、卵、グラニュー糖を入れ、ゴムべらで軽く白濁する程度によく混ぜる。

3 1のコーラを加え、ゴムべらで軽く混ぜる。

4 Aを入れ、泡立て器でツヤが出るまで混ぜる。

5 バターミルクを加え、ゴムべらで軽く混ぜる。

6 マシュマロを加え、ゴムべらで軽く混ぜる。

❸ 型に入れて焼く

7 型に流し入れる。

8 180℃のオーブンで35分焼く。竹串でさして、中まで焼けているかチェックする。生焼けの場合は追加で3分焼く。

9 マシュマロがくっつかないように、出したらすぐにパレットナイフで周りを型から外しておく。

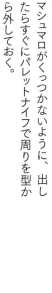

タイプ3

「卵＋砂糖」＋オイルを ハンドミキサーで乳化

03
スパイス＆ブランローフ

小麦ブランとはふすまのこと。食感に素朴さが出ます。

作り方► P.16

Step 1
ハンドミキサーで
卵と砂糖をよく混ぜる

Step 2
オイルを少しずつ加えて
乳化させる

03

タイプ3 スパイス&ブランローフ

材料（8×18×8cmのパウンド型1台分）

菜種オイル…75g
ブラウンシュガー…110g
卵…1.5個
バニラエクストラクト※…小さじ½
モラセス※…45g
小麦ブラン※…12g
お湯…90g
バターミルク（P.75参照）…90g

A
- 薄力粉…150g
- ベーキングパウダー…小さじ1＋⅛
- ベーキングソーダー…小さじ¾
- ココアパウダー…大さじ1＋½
- シナモン…小さじ1＋½
- ジンジャー…小さじ¾
- ナツメグ…小さじ½
- オールスパイス…少々
- 塩…ひとつまみ

レーズン…60g

〈仕上げ〉
小麦ブラン…適量

下準備

▼型にオーブンシートを敷く。
▼オーブンを180℃に温める。
▼ a Aを一緒にふるっておく。
▼ b ボウルに小麦ブランと熱湯を入れ、お湯が冷めるまで置いておく。

a 残ったココアパウダーは指でこす。

b

※小麦ブラン。小麦の胚芽部分を粉状にしたもので、食物繊維、ビタミン、ミネラルが豊富です。

※モラセスは砂糖を精製するときに一緒にできる糖蜜。茶色で独特の風味がある。

※バニラエクストラクトは天然のバニラを酒類に直接漬け込んで作られた香料のこと。バニラエッセンスと使い方は同じですが、濃度が異なるため使用量が違う。

❶ 混ぜる

1 ボウルにブラウンシュガー、卵、バニラエクストラクトを入れ、ハンドミキサーの低速で白く空気が入るまでよく混ぜる。

2 モラセスを加え、ハンドミキサーの低速でさらによく混ぜる。

3 菜種オイルを2回に分けて加え、その都度ハンドミキサーの低速でよく混ぜる。

❷ 別のボウルで混ぜる

4 小麦ブランとお湯の入ったボウルにバターミルクを入れ、ゴムべらで混ぜる。

5 Aの1/3量を入れ、ゴムべらで粉が残る程度に混ぜ、4の半量を加え、ゴムべらで軽く混ぜる。

6 さらにAの1/3量を入れ、ゴムべらで粉が残る程度に混ぜ、4の残りを加え、ゴムべらで軽く混ぜる。

7 Aの残りを加え、ゴムべらで粉が消えるまで混ぜ、最後にハンドミキサーの低速でツヤが出るまで混ぜる。

8 レーズンを加え、ゴムべらで軽く混ぜる。

❸ 型に入れて焼く

9 8を型に流し入れる。

10 小麦ブランをかける。

11 180℃のオーブンで45分焼く。

Part 2
シンプル

※型ごと1時間ほど置いて粗熱をとる。紙を外して（マフィンや一部のお菓子は除く）ラップをして最低1日冷蔵庫で寝かせると生地がしまっておいしくなる。賞味期限は1週間。ただし4日以内に食べると尚おいしい。
※レシピ冒頭に記載されている タイプ 分類はP.6～17参照。

04
ブラウンシュガーミニブレッド

材料を順番に入れて混ぜるだけの簡単なレシピです。
焼きたてのふんわりとやさしい風味を朝食に。

作り方► P.20

05
ココアローフ

ココアで作るシンプルな生地ですが、
しっかり寝かせて食べると味わいに深みが増します。

作り方► P.20

06
コーヒーケーキwith コーヒーアイシング

コーヒーの苦味をしっかり効かせて大人の味わいに。

作り方► P.21

07
ココア＆クリームチーズマーブルマフィン

ココア生地にチーズクリームで自由にマーブルを描いてくださいね。
焼き上がりの表情が楽しみです。

作り方► P.21

04

タイプ3

ブラウンシュガーミニブレッド

材料（5×9×3.5㎝の小パウンド型4個分）

菜種オイル…70g
卵…1個
バニラエクストラクト…小さじ½
牛乳…100g
A
薄力粉…100g
アーモンドパウダー…40g
ブラウンシュガー…100g
ベーキングソーダー…小さじ1
シナモン…小さじ1
塩…ひとつまみ
〈仕上げ〉
ブラウンシュガー…12g

下準備

- 型にハケでオイルを塗り、うすく粉をはたく（材料表外）。
- オーブンを180℃に温める。
- Aを一緒にふるっておく。

作り方

❶ a ボウルに菜種オイル、卵、バニラエクストラクトを入れ、泡立て器で混ぜて乳化させる（下写真参照）。
❷ 牛乳を加え、ゴムべらで静かに混ぜる。
❸ Aを入れ、ゴムべらでツヤが出るまでよく混ぜる。
❹ b ❸を型に4等分に流し入れ、上にブラウンシュガーをかける。
❺ 180℃のオーブンで25分焼く。

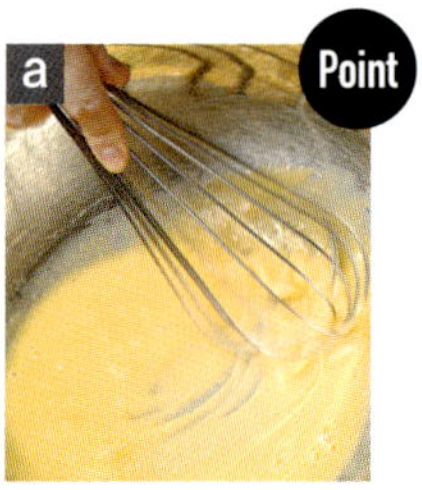

05

タイプ1

ココアローフ

材料（8×18×8㎝のパウンド型1台分）

菜種オイル…100g
卵…2個
バニラエクストラクト…小さじ1
ココアパウダー…60g
お湯…80g
サワークリーム…80g
A
薄力粉…180g
グラニュー糖…200g
ベーキングパウダー…小さじ½
ベーキングソーダー…小さじ½
塩…ひとつまみ
〈仕上げ〉
飾り用粉糖…適量

下準備

- 型にオーブンシートを敷く。
- オーブンを180℃に温める。
- Aを一緒にふるっておく。
- ココアパウダーをふるっておく。

作り方

❶ ボウルに菜種オイル、卵、バニラエクストラクトを入れ、泡立て器で混ぜて乳化させる。
❷ 別のボウルにふるったココアパウダー、お湯を入れ、ゴムべらでダマにならないように混ぜる。a 軽く冷めてからサワークリームを数回に分けて加え、その都度ゴムべらでよく混ぜる。
❸ b ❶に❷を数回に分けて入れ、その都度泡立て器でよく混ぜる。
❹ Aを入れ、ゴムべらで粉が消えるまで混ぜ、最後に泡立て器でツヤが出るまで混ぜる。
❺ ❹を型に流し入れる。
❻ 180℃のオーブンで55分焼く。冷めたら茶こしで粉糖をかける。

タイプ1

06 コーヒーケーキ with コーヒーアイシング

材料（直径17㎝のシフォン型1台分）

菜種オイル…100g
卵…2個
バニラエクストラクト…小さじ1
ココアパウダー…20g
※インスタントコーヒー…40g
お湯…80g
サワークリーム…80g

A
薄力粉…180g
グラニュー糖…200g
ベーキングパウダー…小さじ½
ベーキングソーダー…小さじ½
塩…ひとつまみ

〈コーヒーアイシング〉
粉糖…80g
インスタントコーヒー…5g　水…13g

〈仕上げ〉シナモン…適量

※インスタントコーヒーは粒が細かくて生地に混ざりやすいNESCAFEがおすすめ。

下準備

▼型にハケでオイルを塗り、うすく粉をはたく（材料表外）。
▼オーブンを180℃に温める。
▼Aを一緒にふるっておく。
▼ココアパウダーをふるっておく。

作り方

❶ボウルに菜種オイル、卵、バニラエクストラクトを入れ、泡立て器で混ぜて乳化させる。
❷別のボウルにふるったココアパウダー、インスタントコーヒー、お湯を入れ、ゴムべらでダマにならないように混ぜる。
❸サワークリームに、軽く冷めた❷を数回に分けて加え、その都度ゴムべらでよく混ぜる。
❹❶に❸を数回に分けて入れ、その都度泡立て器でよく混ぜる。
❺Aを入れ、ゴムべらで粉が消えるまで混ぜ、最後に泡立て器でツヤが出るまで混ぜる。
❻❹を型に流し入れ、180℃のオーブンで40分焼く。
❼コーヒーアイシングを作る。ボウルに粉糖、インスタントコーヒー、水を入れ、ゴムべらで滑らかに混ぜる。
❽しっかりと冷ました❻に❼をかけ、シナモンを茶こしでふって飾る。

タイプ1

07 ココア&クリームチーズマーブルマフィン

材料（直径7㎝のマフィン型6個分）

菜種オイル…50g
卵…1個
バニラエクストラクト…小さじ½
ココアパウダー…30g
お湯…40g
サワークリーム…40g

A
薄力粉…90g
グラニュー糖…100g
ベーキングパウダー…小さじ¼
ベーキングソーダー…小さじ¼
塩…ひとつまみ

〈チーズクリーム〉
クリームチーズ…50g
グラニュー糖…15g　卵…10g

Point

a

下準備

▼型にハケでオイルを塗り、うすく粉をはたく（材料表外）。
▼オーブンを180℃に温める。
▼Aを一緒にふるっておく。
▼ココアパウダーをふるっておく。

作り方

❶チーズクリームを作る。ボウルにクリームチーズ、グラニュー糖を入れ、泡立て器でよく混ぜる。卵を加え、さらに混ぜる。
❷ボウルに菜種オイル、卵、バニラエクストラクトを入れ、泡立て器で混ぜて乳化させる。
❸別のボウルにふるったココアパウダー、お湯を入れ、ゴムべらでダマにならないように混ぜる。軽く冷めてからサワークリームを数回に分けて加え、その都度ゴムべらでよく混ぜる。
❹❷に❸を数回に分けて入れ、その都度泡立て器でよく混ぜる。
❺Aを入れ、ゴムべらで粉が消えるまで混ぜ、最後に泡立て器でツヤが出るまで混ぜる。
❻❺を型にアイスクリームディッシャーで6等分に入れ、その上に❶を6等分にかける。a 竹串などを使ってマーブル模様をつける。
❼180℃のオーブンで24分焼く。

08
モラセスケーキwithシナモンアイシング
モラセスはアメリカンケーキでよく使われる糖蜜のひとつです。
その独特な風味をしっとりとした生地で楽しんでください。
作り方► P.24
09
ハニーローフ
素朴な魅力があるはちみつ味の生地ですが、
焼き上げてすぐにかけるはちみつ入りの
ブランデーがよいアクセントになります。
作り方► P.24

10
ハニーレモンポピーシードケーキwithレモンアイシング

定番のレモンとポピーシードの組み合わせ。オイルで作るとしっとりとした美味しさが際立ちます。

作り方► P.25

08
タイプ2
モラセスケーキ with シナモンアイシング

材料（8×18×8㎝のパウンド型1台分）

菜種オイル…100g
卵…1個
モラセス…120g
グラニュー糖…100g
牛乳…120g
A
薄力粉…130g
ベーキングソーダー…小さじ1
シナモン…小さじ1

〈シナモンアイシング〉
粉糖…48g
シナモン…3g
水…8g

下準備

▼型にオーブンシートを敷く。
▼オーブンを180℃に温める。
▼Aを一緒にふるっておく。

作り方

❶ボウルに菜種オイル、卵、モラセス、グラニュー糖を入れ、ゴムべらで軽く白濁する程度によく混ぜる。
❷牛乳を加え、ゴムべらで静かに混ぜる。
❸Aを入れ、泡立て器でツヤが出るまでよく混ぜる。
❹❸を型に流し入れる。
❺180℃のオーブンで50分焼く。
❻a シナモンアイシングを作る。ボウルに粉糖、シナモン、水を入れ、ゴムべらで滑らかに混ぜる。
❼しっかりと冷ました❺に❻をかける。

09
タイプ2
ハニーローフ

材料（8×18×8㎝のパウンド型1台分）

菜種オイル…50g
アーモンドオイル…50g
卵…2個
グラニュー糖…100g
はちみつ※…100g
インスタントコーヒー…7g
お湯…14g
牛乳…40g
A
薄力粉…160g
アーモンドパウダー…40g
ベーキングパウダー…小さじ1.5
シナモン…小さじ1
オールスパイス…小さじ½
塩…ひとつまみ

〈仕上げ〉
はちみつ…10g
ブランデー…15g

下準備

▼型にオーブンシートを敷く。
▼オーブンを170℃に温める。
▼Aを一緒にふるっておく。
▼インスタントコーヒーにお湯を入れ、溶かしておく。

※オレンジのはちみつが爽やかでおすすめですが、お好みのはちみつをお使いください。

作り方

❶ボウルに菜種オイル、アーモンドオイル、卵、グラニュー糖、はちみつを入れ、泡立て器で混ぜて乳化させる。
❷a ❶にお湯で溶かしたインスタントコーヒー、牛乳を加え、ゴムべらで静かに混ぜる。
❸Aを入れ、ゴムべらでツヤが出るまでよく混ぜる。
❹❸を型に流し入れる。
❺170℃のオーブンで50分焼く。
❻b はちみつとブランデーをゴムべらで混ぜ、❺が熱いうちにかけ、風味をつける。

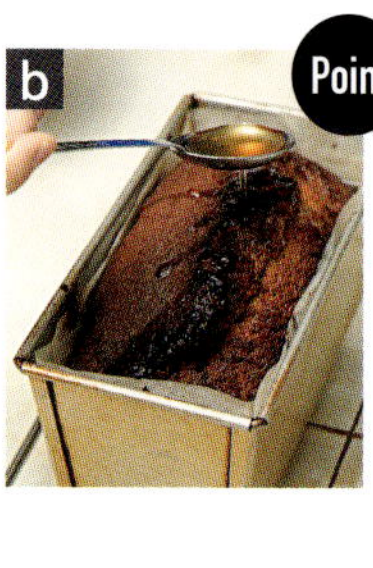

10
タイプ2
ハニーレモンポピーシードケーキ with レモンアイシング

材料（直径17㎝のシフォン型1台分）

菜種オイル…100g
卵…2個
グラニュー糖…100g
はちみつ…100g
レモンの皮（すりおろし）…3g
牛乳…30g
レモン果汁…30g
ポピーシード※…40g

A
薄力粉…200g
ベーキングパウダー…小さじ1.5
カルダモン…小さじ1
塩…ひとつまみ

〈仕上げ〉
はちみつ…10g
レモン果汁…15g

〈レモンアイシング〉
粉糖…40g
レモン果汁…7g

下準備

▼型にハケでオイルを塗り、うすく粉をはたく（材料表外）。
▼オーブンを170℃に温める。
▼Aを一緒にふるっておく。
▼a レモンの皮をすりおろし、果汁を52gほど搾る。

作り方

❶ b ボウルに菜種オイル、卵、グラニュー糖、はちみつ、すりおろしたレモンの皮を入れ、泡立て器で混ぜて乳化させる。
❷ 牛乳を加え、ゴムべらで静かに混ぜる。
❸ レモン果汁を加え、ゴムべらで静かに混ぜる。
❹ ポピーシード、Aを入れ、ゴムべらでツヤが出るまでよく混ぜる。
❺ ❹を型に流し入れる。
❻ 170℃のオーブンで45分焼く。
❼ はちみつとレモン果汁をゴムべらで混ぜ、❻が熱いうちにかける。
❽ レモンアイシングを作る。ボウルに粉糖、レモン果汁を入れ、ゴムべらで滑らかに混ぜる。
❾ しっかりと冷ました❼に❽をかける。

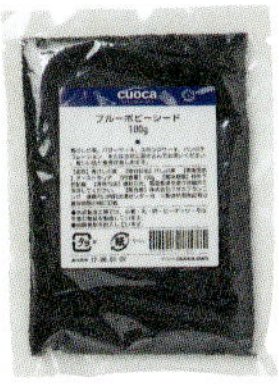

※ポピーシードはケシの実のことで、プチプチとした食感と香ばしさが人気。

Part 3
ベジタブル&フルーツ

タイプ 2

11 キャロット＆クリームチーズカップ

クリームチーズのフィリングを一緒に焼きこんで
カジュアルなスタイルに。

作り方► P.27

※型ごと1時間ほど置いて粗熱をとる。紙を外して（マフィンは除く）、ラップをして冷蔵庫で1日寝かせるのが基本。ただしマフィン系や塩味のセイボリー系は焼き立てを食べてもOK。賞味期限は12～15、18、19、21は1週間以内。他は4日以内。
※レシピ冒頭に記載されている タイプ 分類はP.6～17参照。

材料（直径7㎝のマフィン型8個分）

菜種オイル…100g
卵…2個
ブラウンシュガー…90g
牛乳…60g

A
- 薄力粉…130g
- ベーキングパウダー…小さじ1
- ベーキングソーダー…小さじ¾
- シナモン…小さじ1
- ナツメグパウダー…小さじ½
- ジンジャーパウダー…小さじ¼
- 塩…ひとつまみ

B
- にんじん…80g
- りんご…50g
- レーズン…40g
- くるみ…25g
- ココナッツロング…20g

〈クリームチーズフィリング〉
クリームチーズ…85g
グラニュー糖…12g
生クリーム…5g

〈仕上げ〉
ココナッツロング…10g

下準備

▼マフィン型に紙カップを敷く。
▼オーブンを180℃に温める。
▼Aを一緒にふるっておく。
▼にんじん、りんごをせん切りしておく。
▼くるみをローストし（P.8参照）、粗くきざむ。
▼クリームチーズは室温に置き、柔らかくしておく。

❶ クリームチーズフィリングを作る

1
ボウルにクリームチーズ、グラニュー糖を入れ、ゴムべらでよく混ぜる。生クリームを加え、さらに混ぜる。

❷ 乳化させる

2
別のボウルに菜種オイル、卵を入れ、泡立て器で混ぜて乳化させる。

❸ 混ぜる

3
ブラウンシュガーを加え、ゴムべらでよく混ぜる。

4
牛乳を加え、ゴムべらで静かに混ぜる。

5
Aを入れ、ゴムべらで粉が残る程度に混ぜる。

6
Bを加え、ゴムべらでツヤが出るまでよく混ぜる。

❹ 型に入れて焼く

7
6を型の半分の高さまでアイスクリームディッシャーで入れ、その上に1を8等分にして入れる。

8
さらに残りの6を均等に分けて入れる。

9
上にココナッツロングかける。

10
180℃のオーブンで30分焼く。

タイプ2の応用

12 サワークリームバナナリッチローフ

オイルを使ったシンプルな生地も魅力的ですが、
サワークリームを入れると食感がリッチに仕上がります。
1日寝かせて食べると、バナナの風味が生地に馴染んで絶品の美味しさになります。

作り方► P.29

材料（8×18×8㎝のパウンド型1台分）

菜種オイル…75g
サワークリーム…90g
バニラエクストラクト…小さじ1
レモンの皮（すりおろし）…3g
卵…1.5個
グラニュー糖…130g
バナナ…170g
A
薄力粉…130g
コーンスターチ…20g
ベーキングパウダー…小さじ½
ベーキングソーダー…小さじ¾
塩…ひとつまみ

〈仕上げ〉
飾り用粉糖…適量

下準備

▼型にオーブンシートを敷く。
▼オーブンを180℃に温める。
▼Aを一緒にふるっておく。
▼レモンの皮をすりおろす。

※コーンスターチはとうもろこしから作られるでんぷんで、吸湿性が低いのでなめらかに仕上がる。

❶ 混ぜる

1 ボウルに菜種オイル、サワークリーム、バニラエクストラクト、レモンの皮すりおろしを入れ、ハンドミキサーの低速で滑らかになるまでよく混ぜる。

2 別のボウルに卵、グラニュー糖を入れる。

ハンドミキサーの低速で軽く混ぜる。

3 2を1に入れ、ハンドミキサーの低速で混ぜて乳化させる。

4 バナナを潰す。

4を3に加え、ハンドミキサーの低速で軽く混ぜる。

5 Aを入れる。

ゴムべらで粉が消えるまで混ぜる。

最後にハンドミキサーの低速でツヤが出るまで混ぜる。

❷ 型に入れて焼く

6 5を型に流し入れる。

7 180℃のオーブンで45分焼く。冷めたら、茶こしで粉糖をかける。

13
シンプルバナナローフ

バナナとくるみを入れた王道のケーキですが、
ベーキングソーダーとシナモンを一緒に焼くと、
少し独特な風味になります。

作り方► P.32

14
ゴールデンパンプキンスパイスローフ

パンプキンにスパイスを強めに効かせる美味しさは格別です。
生のパンプキンにプラスしてピューレも生地に混ぜて、
スパイスに負けないパンプキンの風味をつけました。

作り方► P.32

15
キャロットケーキwithメープルフロスティング

定番のキャロットケーキにメープルフロスティングをかけて
ちょっとアレンジしました。

作り方► P.33

13 タイプ1 シンプルバナナローフ

材料（8×18×8㎝のパウンド型1台分）

菜種オイル…100g
卵…1.5個
バニラエクストラクト…小さじ½
グラニュー糖…100g
ブラウンシュガー…40g
牛乳…60g
薄力粉…160g
A ベーキングソーダー…小さじ1
A シナモン…小さじ1
A 塩…ひとつまみ
バナナ…200g
くるみ…30g
〈仕上げ〉
くるみ…20g

下準備

▼型にオーブンシートを敷く。
▼オーブンを180℃に温める。
▼Aを一緒にふるっておく。
▼くるみをローストし（P.8参照）、粗くきざむ。
▼バナナを粗く潰しておく（P.44参照）。

作り方

❶ボウルに菜種オイル、卵、バニラエクストラクトを入れ、泡立て器で混ぜて乳化させる。
❷グラニュー糖、ブラウンシュガーを加え、ゴムべらでよく混ぜる。
❸牛乳を加え、ゴムべらで静かに混ぜる。
❹Aを入れ、ゴムべらで粉が残る程度に混ぜる。
❺a 潰したバナナ、くるみを加え、ゴムべらでツヤが出るまでよく混ぜる。
❻b ❺を型に流し入れ、上にくるみをかけ、軽くおさえる。
❼180℃のオーブンで50分焼く。

14 タイプ1 ゴールデンパンプキンスパイスローフ

材料（8×18×8㎝のパウンド型1台分）

菜種オイル…50g
パンプキンオイル…50g
卵…2個
ブラウンシュガー…120g
パンプキンピューレ※（市販品）…80g
牛乳…30g
薄力粉…130g
A ベーキングパウダー…小さじ1
A ベーキングソーダー…小さじ¾
A シナモン…小さじ1+½
A カルダモン…小さじ1+½
A コリアンダー…小さじ1+½
A ジンジャー…小さじ1+½
A ナツメグ…小さじ½
A カイエン…少々
A 塩…ひとつまみ
B かぼちゃ…100g
B レーズン…40g
B くるみ…30g

※パンプキンピューレ。製菓用のかぼちゃペースト。冷凍や缶づめで販売されているものを使用。

下準備

▼型にオーブンシートを敷く。
▼オーブンを180℃に温める。
▼Aを一緒にふるっておく。
▼かぼちゃをせん切りにしておく。
▼くるみをローストし（P.8参照）、粗くきざむ。

作り方

❶ボウルに菜種オイル、パンプキンオイル、卵を入れ、泡立て器で混ぜて乳化させる。
❷ブラウンシュガーを加え、ゴムべらでよく混ぜる。
❸❷にパンプキンピューレ、牛乳を加え、ゴムべらでよく混ぜる。
❹Aを入れ、ゴムべらで粉が残る程度に混ぜる。
❺a Bを加え、ゴムべらでツヤが出るまでよく混ぜる。
❻❺を型に流し入れる。
❼180℃のオーブンで50分焼く。

15 タイプ1 キャロットケーキwithメープルフロスティング

材料（直径18cm丸型底取1台分）

菜種オイル…125g
卵…2.5個
ブラウンシュガー…85g
※メープルシロップ…25g
牛乳…75g

A
薄力粉…160g
ベーキングパウダー…小さじ1＋¼
ベーキングソーダー…小さじ1
シナモン…小さじ1＋¼
ナツメグパウダー…小さじ½
ジンジャーパウダー…小さじ½
塩…ひとつまみ

B
にんじん…100g
りんご…60g
レーズン…50g
くるみ…30g
ココナッツロング…25g

〈メープルフロスティング〉
クリームチーズ…150g
粉糖…10g
メープルシロップ…30g
生クリーム…10g

〈シナモンシュガー〉
シナモンパウダー…5g
飾り用粉糖…20g

※ココナッツロング。ココナッツの果肉を削り、乾燥させ、細く紐状に切ったもの。

※メープルシロップ。サトウカエデの樹液から作られる甘味料。独特の風味が特徴でパンケーキのシロップとしてよく用いられる。

下準備

▼型にオーブンシートを敷く。
▼オーブンを180℃に温める。
▼Aを一緒にふるっておく。
▼くるみをローストし（P.8参照）、粗くきざむ。
▼にんじん、りんごをせん切りにしておく。
▼クリームチーズは室温に置き、柔らかくしておく。

作り方

❶ボウルに菜種オイル、卵を入れ、泡立て器で混ぜて乳化させる。
❷ブラウンシュガー、メープルシロップを加え、ゴムべらでよく混ぜる。
❸牛乳を加え、ゴムべらで静かに混ぜる。
❹Aを入れ、ゴムべらで粉が残る程度に混ぜる。
❺Bを加え、ゴムべらでツヤが出るまでよく混ぜる。
❻❺を型に流し入れる。
❼180℃のオーブンで45分焼く。
❽ a メープルフロスティングを作る。ボウルにクリームチーズ、粉糖を入れ、ゴムべらでよく混ぜる。メープルシロップ、生クリームの順で加え、その都度ハンドミキサーで混ぜる。
❾しっかりと冷ました❼に❽をのばして飾る。好みでシナモンシュガーを茶こしでかける。

クリームチーズに粉糖を加え、ゴムべらですり混ぜる。

メープルシロップを加え、ハンドミキサーで混ぜる。

生クリームを加え、ハンドミキサーで混ぜる。

16
オリーブオイルポテトベーコンローフ（S）
ジャガイモを生のまま一緒に焼きこむと
簡単にお食事向きのひと品になります。
ベーコンの塩味を必ず入れてくださいね。
作り方► P.36
17
ゴーダチーズ＆オニオンマフィン（S）
ほのかに甘い生地に塩味を強めに効かせてアクセントに。
最高のお食事マフィンです！
作り方► P.36

18
パンプキンカップwithホワイトチョコレートフロスティング

無骨なパンプキンケーキも魅力的ですが、カップケーキにすると可能性が広がります。
やさしいホワイトチョコレートを使ったフロスティングをあわせました。

作り方► P.37

16 タイプ1 オリーブオイルポテトベーコンローフ（S）

材料（8×18×8㎝のパウンド型1台分）

オリーブオイル…75g
卵…1.5個
グラニュー糖…80g
バターミルク…30g
りんご…50g
A
薄力粉…130g
ベーキングパウダー…小さじ½
ベーキングソーダー…小さじ½
ナツメグ…小さじ½
ペッパー…小さじ¼
塩…小さじ1

ジャガイモ…100g
ベーコン（炒めたもの）…50g
オリーブ…40g

下準備

▼型にオーブンシートを敷く。
▼オーブンを180℃に温める。
▼Aを一緒にふるっておく。

▼a ジャガイモ、りんごをせん切りにしておく。
▼ベーコンを5㎜にカットし、フライパンで香ばしく炒める。
▼オリーブを食べやすい厚みにカットする。

作り方

❶ボウルにオリーブオイル、卵を入れ、泡立て器で混ぜて乳化させる。
❷グラニュー糖を加え、ゴムベらでよく混ぜる。
❸バターミルクを加え、ゴムべらでよく混ぜる。
❹りんごを加え、ゴムべらで軽く混ぜる。
❺Aを入れ、ゴムべらで粉が残る程度に混ぜる。
❻ジャガイモ、ベーコン、オリーブを加え、ゴムべらでツヤが出るまでよく混ぜる。
❼❻を型に流し入れる。
❽180℃のオーブンで45分焼く。

17 タイプ1 ゴーダチーズ＆オニオンマフィン（S）

材料（直径7㎝のマフィン型5個分）

オリーブオイル…75g
卵…1.5個
グラニュー糖…80g
バターミルク…60g
A
薄力粉…130g
ベーキングパウダー…小さじ½
ベーキングソーダー…小さじ½
塩…小さじ1

ゴーダチーズ※…40g
オニオン（炒めたもの）…30g

※ゴーダチーズ。くせがなくマイルドな味。一旦開封したチーズは早めに使い切るのがおいしく食べるコツ。

下準備

▼マフィン型に紙カップを敷く。
▼オーブンを180℃に温める。
▼Aを一緒にふるっておく。
▼ゴーダチーズをほぐしておく。
▼a オニオンを大きめのみじん切りにカットし、フライパンで香ばしく炒める。

作り方

❶ボウルにオリーブオイル、卵を入れ、泡立て器で混ぜて乳化させる。
❷グラニュー糖を加え、ゴムべらでよく混ぜる。
❸バターミルクを加え、ゴムべらでよく混ぜる。
❹Aを入れ、泡立て器でツヤが出るまでよく混ぜる。
❺ゴーダチーズ、オニオンを加え、ゴムべらで軽く混ぜる。
❻❺を型にアイスクリームディッシャーで5等分に入れる。
❼180℃のオーブンで20分焼く。

18

タイプ1 パンプキンカップ with ホワイトチョコレートフロスティング

材料（直径7cmのマフィン型14個分）

- 菜種オイル…100g
- 卵…2個
- ブラウンシュガー…120g
- パンプキンピューレ（市販品）…80g
- 牛乳…30g
- A
  - 薄力粉…130g
  - ベーキングパウダー…小さじ1
  - ベーキングソーダー…小さじ¾
  - シナモン…小さじ2
  - ジンジャー…小さじ1
  - ナツメグ…小さじ1
  - 塩…ひとつまみ
- B
  - かぼちゃ…100g
  - くるみ…30g

〈ホワイトチョコレートフロスティング〉

- クリームチーズ…150g
- グラニュー糖…60g
- 生クリーム…40g
- サワークリーム…60g
- ホワイトチョコレート…60g

下準備

▼マフィン型に紙カップを敷く。
▼オーブンを180℃に温める。
▼Aを一緒にふるっておく。
▼くるみをローストし（P.8参照）、粗くきざむ。
▼かぼちゃをせん切りにする。
▼フロスティング用のクリームチーズは室温に置いて柔らかくし、ホワイトチョコレートは湯煎で溶かす（P.57参照）。

作り方

❶ボウルに菜種オイル、卵を入れ、泡立て器で混ぜて乳化させる。
❷ブラウンシュガーを加え、ゴムべらでよく混ぜる。
❸ a パンプキンピューレ、牛乳を加え、ゴムべらでよく混ぜる。
❹Aを入れ、ゴムべらで粉が残る程度に混ぜる。
❺Bを加え、ゴムべらでツヤが出るまでよく混ぜる。
❻❺を型にアイスクリームディッシャーで14等分に入れる。
❼180℃のオーブンで22分焼く。
❽ホワイトチョコレートフロスティングを作る。ボウルにクリームチーズ、グラニュー糖を入れ、ハンドミキサーでよく混ぜる。生クリーム、サワークリームの順で加え、その都度ハンドミキサーで混ぜ、最後に溶かしたホワイトチョコレートを加え、よく混ぜる（詳細はP.57 a 参照）。
❾しっかりと冷ました❼に❽を絞って飾る（詳細はP.57 b 参照）。

『Matfer』のプチフール口金#18を使用。

19
オリーブオイルオレンジケーキ

オリーブオイルの香りとオレンジのジューシーな風味が好相性。
しっかり寝かせるとしっとりと全体がまとまり、
美味しさがクセになる。

作り方► P.40

20
グレープシードオイルズッキーニ＆アプリコットローフ

グレープシードオイルはクセがなくお菓子にも使いやすい。
ズッキーニとアプリコットで爽やかで軽めな仕上げに。

作り方► P.40

21
オールドファッションフルーツケーキ

ドライフルーツをオレンジジュースに漬けると、
フルーツの華やかさがアップ。しっかり寝かせて
少量ずつお酒とともにいただくのが、オススメ。

作り方► P.41

19 タイプ2 オリーブオイルオレンジケーキ

材料（直径18cm丸型1台分）

- オリーブオイル…120g
- 卵…2個
- グラニュー糖…200g
- オレンジの皮（すりおろし）…10g（約½個分）
- 牛乳…10g
- オレンジ果汁…50g
- A
  - 薄力粉…160g
  - アーモンドパウダー…20g
  - ベーキングパウダー…小さじ1
  - ベーキングソーダー…小さじ¼
  - 塩…ひとつまみ

〈仕上げ〉

- オレンジ輪切り…6枚
- グラニュー糖…適量
- オレンジジュース…15g
- オレンジリキュール…15g
- 飾り用粉糖…適量

下準備

▼型にオーブンシートを敷く。
▼オーブンを180℃に温める。
▼Aを一緒にふるっておく。
▼a オレンジの皮をすりおろし、果汁を65gほど搾る。残りの皮を取り、果肉を輪切りにする。

作り方

1. ボウルにオリーブオイル、卵、グラニュー糖、オレンジの皮を入れ、ゴムべらで軽く白濁する程度によく混ぜる。
2. 牛乳、オレンジ果汁を加え、ゴムべらで静かに混ぜる。
3. Aを入れ、泡立て器でツヤが出るまでよく混ぜ、型に流し入れる。
4. 180℃のオーブンで10分焼き、一度オーブンから出して「素早く」オレンジ輪切りを飾りグラニュー糖をかける。再び「素早く」オーブンに戻し、180℃で40分焼く。
5. オレンジ果汁とオレンジリキュールをゴムべらで混ぜ、4が熱いうちにかける。
6. 冷めたら粉糖をかけて飾る。

20 タイプ2 グレープシードオイルズッキーニ&アプリコットローフ

材料（8×18×8cmのパウンド型1台分）

- グレープシードオイル…100g
- 卵…1.5個
- モラセス…10g
- グラニュー糖…125g
- A
  - 薄力粉…120g
  - ベーキングパウダー…小さじ½
  - ベーキングソーダー…小さじ1
  - シナモン…小さじ2
  - 塩…ひとつまみ
- ズッキーニ…150g
- アプリコット（セミドライ）…60g
- くるみ…30g

〈レモンアイシング〉

- 粉糖…40g
- レモン果汁…7g

〈仕上げ〉

- アプリコット（セミドライ）…適量

下準備

▼型にオーブンシートを敷く。
▼オーブンを180℃に温める。
▼Aを一緒にふるっておく。
▼くるみをローストし（P.8参照）、粗くきざむ。
▼a ズッキーニをせん切りし、アプリコットは4等分にカットしておく。

作り方

1. ボウルにグレープシードオイル、卵、モラセス、グラニュー糖を入れ、ゴムべらで軽く白濁する程度によく混ぜる。
2. Aを入れ、ゴムべらで粉が残る程度に混ぜる。
3. ズッキーニ、アプリコット、くるみを加え、ゴムべらでツヤが出るまでよく混ぜる。
4. 3を型に流し入れる。
5. 180℃のオーブンで50分焼く。
6. レモンアイシングを作る。ボウルに粉糖、レモン果汁を入れ、ゴムべらで滑らかに混ぜる。
7. しっかりと冷ました5に6をかけ、アプリコットを飾る。

21

タイプ2

オールドファッションフルーツケーキ

材料（8×18×8㎝のパウンド型1台分）

菜種オイル…75g
卵…1.5個
グラニュー糖…50g
ブラウンシュガー…60g
モラセス…15g
オレンジの皮（すりおろし）…5g
オレンジ果汁…60g
オレンジリキュール…60g

A
薄力粉…120g
ベーキングパウダー…小さじ½
シナモン…小さじ1
ナツメグ…小さじ½
塩…ひとつまみ

B
レーズン…100g
カランツ…60g
アプリコット（セミドライ）…40g
いちじく（セミドライ）…40g
オレンジピール…40g

C
くるみ…30g
マカダミアナッツ…20g
ピーカンナッツ…20g

〈仕上げ〉
砂糖…80g
水…20g

下準備

▼型にオーブンシートを敷く。
▼オーブンを170℃に温める。
▼Aを一緒にふるっておく。
▼オレンジの皮をすりおろし、果汁を搾る。
▼アプリコット、いちじくは4等分にカットしておく。
▼a くるみ、マカダミアナッツ、ピーカンナッツをロースト（P.8参照）し、粗くきざむ。

作り方

❶ b ドライフルーツ漬けを作る。ボウルにBを入れ、オレンジ果汁、オレンジリキュールを注ぎラップをかけて1時間ほど室温におく。ザルにあけてフルーツと液体に分け、液体は50gを計量する。
❷ ボウルに菜種オイル、卵、グラニュー糖、ブラウンシュガー、モラセス、オレンジの皮を入れ、ゴムべらで軽く白濁する程度によく混ぜる。
❸ ❶の液体（50g）を加え、ゴムべらで静かに混ぜる。
❹ Aを入れ、泡立て器でツヤが出るまでよく混ぜる。
❺ ❶のフルーツ、Cを加え、ゴムべらで軽く混ぜる。
❻ ❺を型に流し入れる。
❼ 170℃のオーブンで60分焼く。
❽ 砂糖と水をゴムべらで混ぜ、よく冷めた❼にハケで塗る。
❾ 160℃に温めたオーブンで1分焼く。

a Point

b Point

ドライフルーツの具材をボウルに入れる。

オレンジ果汁、オレンジリキュールを加える。

1時間ほどおいたものをザルでこす。

22
ラズベリー＆バナナレモン マフィン

バナナを使ったサワークリーム入りの生地を
マフィンにアレンジ。
ラズベリーの酸味が最高。

作り方► P.44

23
アップル＆ウォールナッツマフィン

りんごは酸味のあるシャキシャキしたものをチョイス。
りんごの美味しい秋冬にぜひどうぞ。

作り方 ► P.45

22

タイプ2の応用

ラズベリー&バナナレモンマフィン

材料（直径7㎝のマフィン型7個分）

菜種オイル…75g
サワークリーム…90g
バニラエクストラクト…小さじ1
レモンの皮（すりおろし）…5g
卵…1.5個
グラニュー糖…130g
バナナ…170g
A ┌薄力粉…150g
　│ベーキングパウダー…小さじ1+1/4
　└塩…ひとつまみ
ラズベリー※（冷凍）…70g

※冷凍ラズベリー。新鮮なラズベリーを洗浄後、果実の原型を崩さず冷凍したもの。

下準備

▼マフィン型に紙カップを敷く。
▼オーブンを180℃に温める。
▼Aを一緒にふるっておく。
▼レモンの皮をすりおろし、a バナナを粗く潰しておく。

作り方

❶ b ボウルに菜種オイル、サワークリーム、バニラエクストラクト、レモンの皮すりおろしを入れ、ハンドミキサーの低速で滑らかによく混ぜる。
❷ 別のボウルに卵、グラニュー糖を入れ、ハンドミキサーの低速で軽く混ぜる。
❸ ❷を❶に入れ、ハンドミキサーの低速で混ぜて乳化させる。
❹ 潰したバナナを加え、ハンドミキサーの低速で軽く混ぜる。
❺ Aを入れ、ゴムべらで粉が消えるまで混ぜ、最後にハンドミキサーの低速でツヤが出るまで混ぜる。
❻ ラズベリーを加え、ゴムべらで軽く混ぜる。
❼ ❻を型にアイスクリームディッシャーで7等分に入れる。
❽ 180℃のオーブンで28分焼く。

23

タイプ2の応用

アップル&ウォールナッツマフィン

材料（直径7cmのマフィン型7個分）

菜種オイル…75g
サワークリーム…90g
バニラエクストラクト…小さじ1
レモンの皮（すりおろし）…3g
卵…1.5個
ブラウンシュガー…120g
りんご（せん切り）…80g

A
薄力粉…150g
ベーキングパウダー…小さじ½
ベーキングソーダー…小さじ¾
シナモン…小さじ1
オールスパイス…小さじ½
塩…ひとつまみ

B
りんご（角切り）…50g
くるみ…40g

〈仕上げ〉
りんご…7枚
グラニュー糖…適量

下準備

▼マフィン型に紙カップを敷く。
▼オーブンを180℃に温める。
▼Aを一緒にふるっておく。
▼レモンの皮をすりおろす。
▼くるみをローストし（P.8参照）、粗くきざむ。
▼a 飾り用にりんごを7枚の輪切りにし、6cmと2cmのセルクルを使って型抜きをしておく。
▼残ったりんごのうち80gをせん切りし、50gを3mmの角切りにする。

作り方

❶ボウルに菜種オイル、サワークリーム、バニラエクストラクト、レモンの皮すりおろしを入れ、ハンドミキサーの低速で滑らかによく混ぜる。
❷別のボウルに卵、ブラウンシュガーを入れ、ハンドミキサーの低速で軽く混ぜる。
❸ b ❷を❶に入れ、ハンドミキサーの低速で混ぜて乳化させる。
❹せん切りしたりんごを加え、ゴムべらで軽く混ぜる。
❺Aを入れ、ゴムべらでツヤが出るまで混ぜる。
❻Bを加え、ゴムべらで軽く混ぜる。
❼ c ❻を型にアイスクリームディッシャーで7等分に入れ、上にりんごを飾り、グラニュー糖をかける。
❽180℃のオーブンで26分焼く。

24
アップルシナモンケーキ

フィリングは混ぜすぎないように、ざっくりとマーブルに。
焼き上がりの味わいにコントラストが生まれ、美味しく仕上がる。

作り方► P.48

25
スパイスフィグケーキ

スパイスがいちじくの味わいを引き立てます。
小パウンド型で焼くのもおすすめです。

作り方► P.49

24

タイプ2の応用

アップルシナモンケーキ

材料（直径17㎝のシフォン型1台分）

菜種オイル…75g
サワークリーム…90g
バニラエクストラクト…小さじ1
卵…1.5個
ブラウンシュガー…100g
りんご（せん切り）…80g

A
薄力粉…150g
ベーキングパウダー…小さじ½
ベーキングソーダー…小さじ¾
シナモン…小さじ1
オールスパイス…小さじ½
塩…ひとつまみ

〈フィリング〉
菜種オイル…4g
ブラウンシュガー…24g
アーモンドパウダー…10g
シナモン…2g
りんご（銀杏切り）…140g

〈シナモンシュガー〉
シナモンパウダー…5g
飾り用粉糖…20g

下準備

▼型にハケでオイルを塗り、うすく粉をはたく（材料表外）。
▼オーブンを180℃に温める。
▼Aを一緒にふるっておく。
▼80gのりんごをせん切りし、140gのりんごを3㎜厚の銀杏切りにする。

作り方

❶ フィリングを作る。ボウルに菜種オイル、ブラウンシュガー、アーモンドパウダー、シナモンを入れ、ゴムべらでよく混ぜる。銀杏切りのりんごを加え、しっとりとするまでよく混ぜる。
❸ ボウルに菜種オイル、サワークリーム、バニラエクストラクトを入れ、ハンドミキサーの低速で滑らかによく混ぜる。
❸ a 別のボウルに卵、ブラウンシュガーを入れ、ハンドミキサーの低速で軽く混ぜる。
❹ ❸を❷に入れ、ハンドミキサーの低速で混ぜて乳化させる。
❺ せん切りしたりんごを加え、ゴムべらで軽く混ぜる。
❻ b Aを入れ、ゴムべらでツヤが出るまで混ぜる。
❼ ❶を加え、ゴムべらでマーブル状に軽く混ぜる。
❽ ❼を型に流し入れる。
❾ 180℃のオーブンで40分焼く。
❿ 冷ました❾に好みでシナモンシュガーを茶こしでかける。

25 タイプ3 スパイスフィグケーキ

材料（8×18×8㎝のパウンド型1台分）

菜種オイル…100g
グラニュー糖…150g
卵…1.5個
バニラエクストラクト…小さじ1
A
薄力粉…120g
ベーキングパウダー…小さじ1
シナモン…小さじ½
ナツメグ…小さじ½
オールスパイス…小さじ½
塩…ひとつまみ
バターミルク（P.75参照）…60g
いちじく※（セミドライ）…80g
マカダミアナッツ…30g
ピーカンナッツ…40g

〈仕上げ〉
マカダミアナッツ…適量
ピーカンナッツ…適量
飾り用粉糖…適量

※セミドライのソフトなタイプのいちじくがおすすめ。

下準備

▼型にオーブンシートを敷く。
▼オーブンを170℃に温める。
▼Aを一緒にふるっておく。
▼マカダミアナッツ、ピーカンナッツをローストし（P.8参照）、粗くきざむ。
▼a いちじくは4等分にカットしておく。

作り方

1. b ボウルにグラニュー糖、卵、バニラエクストラクトを入れ、ハンドミキサーの低速で白く空気が入るまでよく混ぜる。
2. 菜種オイルを2回に分けて加え、その都度ハンドミキサーの低速でよく混ぜる。
3. Aの半量を入れ、ゴムべらで粉が残る程度に混ぜ、バターミルクを加え、ゴムべらで軽く混ぜる。
4. Aの残りを加え、ゴムべらで粉が消えるまで混ぜ、最後にハンドミキサーの低速でツヤが出るまで混ぜる。
5. いちじく、マカダミアナッツ、ピーカンナッツを加え、ゴムべらで軽く混ぜる。
6. 5を型に流し入れ、上にマカダミアナッツ、ピーカンナッツをかけ、軽くおさえる。
7. 170℃のオーブンで55分焼く。
8. 冷めたら粉糖をかけて飾る。

Part 4
チョコレート

タイプ 1

26 チョコレートブレッドⅠ

チョコレートにコーヒーを合わせて、ビターで大人な風味に。
食感は少しだけ軽めなので、冷やして食べても重すぎません。

作り方► P.51

※型ごと1時間ほど置いて粗熱をとる。紙を外して（マフィンは除く）ラップをして最低1日冷蔵庫で寝かせると生地がしまっておいしくなる。賞味期限は1週間。ただし4日以内に食べると尚おいしい。
※レシピ冒頭に記載されている タイプ 分類はP.6～17参照。

材料（8×18×8㎝のパウンド型1台分）

菜種オイル…50g
卵…2個
バニラエクストラクト…小さじ1
バターミルク…50g

A
薄力粉…140g
グラニュー糖…200g
ベーキングソーダー…小さじ½
ココアパウダー…25g
塩…ひとつまみ

お湯…60g
インスタントコーヒー…40g
クーベルチュールチョコレート（60%）※…120g

下準備

▼型にオーブンシートを敷く。
▼オーブンを180℃に温める。
▼Aを一緒にふるっておく。
▼a インスタントコーヒーにお湯を入れて溶かし、熱いうちにクーベルチュールチョコレートを加え、ラップをかけてしばらく置いておく。

Point

a

※クーベルチュールチョコレートは脂肪分が多く、チョコレートクリームを作るのに適しており、なめらかに溶けます。

❶ 乳化させる

1

ボウルに菜種オイル、卵、バニラエクストラクトを入れる。

泡立て器で混ぜて乳化させる。

❷ 混ぜる

2

バターミルクを加え、ゴムべらで静かに混ぜる。

3

Aを入れる。

ゴムべらで粉が消えるまで混ぜる。

4

お湯で溶かしたインスタントコーヒーとクーベルチュールチョコレートを、ゴムべらでなめらかになるまで混ぜる。

5

4を3に加え、泡立て器でツヤが出るまでよく混ぜる。

❹ 型に入れて焼く

6

5を型に流し入れる。

7

180℃のオーブンで55分焼く。

タイプ2の応用

27 チョコレートブレッドⅡ

粉量をおさえて濃厚なチョコレート感を演出。焼きすぎに気をつけて、
しっとりとした食感を楽しんで。冷やして薄くカットして食べるのもおすすめです。
お酒にも好相性の大人なケーキです。

作り方► P.53

材料（8×18×8cmのパウンド型1台分）

菜種オイル…75g
グラニュー糖…200g
卵…3個
A ┌薄力粉…110g
　 ベーキングパウダー…小さじ1
　 └塩…ひとつまみ
牛乳…50g
クーベルチュールチョコレート（60％）…80g
カカオマス※…80g

下準備

▼型にオーブンシートを敷く。
▼オーブンを170℃に温める。
▼Aを一緒にふるっておく。

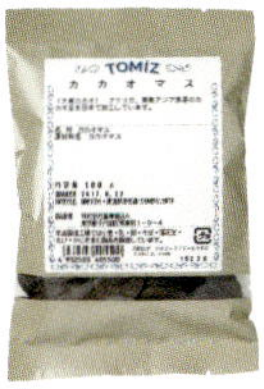

※1 カカオマスはココアやチョコレートの原料で、甘みを加えていないカカオ100％素材。粉っぽさと苦みが特徴。

❶ 湯煎で溶かす

1 ボウルにクーベルチュールチョコレート、カカオマスを入れ、湯煎で溶かす。

❷ 混ぜる

2 菜種オイルを2回に分けて加え、その都度泡立て器で静かに混ぜる。

3 グラニュー糖を加え、泡立て器でよく混ぜる。

4 卵をひとつずつ、3回に分けて加え、その都度泡立て器でよく混ぜる。

5 Aの半量を入れる。

▼

ゴムべらで粉が消えるまで混ぜる。

6 5に牛乳を加え、ゴムべらで軽く混ぜる。

7 Aの残りを加える。

▼

ゴムべらでツヤが出るまで混ぜる。

❹ 型に入れて焼く

8 7を型に流し入れる。

9 170℃のオーブンで55分焼く。

28
チョコレート＆ナッツ

チョコレートブレッドⅠをアレンジして。
ナッツの香ばしさと食べ応えのある食感を楽しんで。

作り方► P.56

29
ジンジャーチョコレートローフ

チョコレートブレッドⅡをより大人の味に。
しょうがをフレッシュのまま大きめサイズで入れるとピリっとした辛みが、
濃厚なチョコレートの中でアクセントに。

作り方► P.56

30
ダブルチョコレートカップwithチョコレートフロスティング

いつものチョコレート生地をマフィン型で焼いてフロスティングで装飾。
可愛らしいフォルムはパーティシーンにもぴったり。

作り方► P.57

28 タイプ1 チョコレート&ナッツ

材料（8×18×8㎝のパウンド型1台分）

菜種オイル…25g
ウォールナッツオイル…25g
卵…2個
バニラエクストラクト…小さじ1
バターミルク…50g
A
- 薄力粉…120g
- アーモンドパウダー…20g
- ベーキングソーダ…小さじ½
- グラニュー糖…200g
- ココアパウダー…25g
- 塩…ひとつまみ

インスタントコーヒー…40g
お湯…60g
クーベルチュールチョコレート（60%）…120g
B
- くるみ…40g
- ピーカンナッツ…40g

〈仕上げ〉
くるみ…20g

下準備

▼型にオーブンシートを敷く。
▼オーブンを180℃に温める。
▼Aを一緒にふるっておく。
▼くるみ、ピーカンナッツ、ヘーゼルナッツをローストし（P.8参照）、粗くきざむ。
▼インスタントコーヒーにお湯を入れて溶かし、熱いうちにクーベルチュールチョコレートを加え、ラップをかけてしばらく置いておく。

作り方

❶ボウルに菜種オイル、ウォールナッツオイル、卵、バニラエクストラクトを入れ、泡立て器で混ぜて乳化させる。
❷バターミルクを加え、ゴムべらで静かに混ぜる。
❸Aを入れ、ゴムべらで粉が消えるまで混ぜる。
❹インスタントコーヒーとクーベルチュールチョコレートをゴムべらで滑らかになるまで混ぜて❸に加え、泡立て器でツヤが出るまでよく混ぜる。
❺Bを加え、ゴムべらで軽く混ぜる。
❻❺を型に流し入れて、180℃のオーブンで60分焼く。

29 タイプ2の応用 ジンジャーチョコレートローフ

材料（8×18×8㎝のパウンド型1台分）

菜種オイル…75g
クーベルチュールチョコレート（60%）…80g
カカオマス…80g
グラニュー糖…200g
卵…3個
A
- 薄力粉…110g
- ベーキングパウダー…小さじ1
- こしょう…小さじ1
- クローブ…小さじ¼
- 塩…ひとつまみ

牛乳…50g
しょうが…70g

下準備

▼型にオーブンシートを敷く。
▼オーブンを170℃に温める。
▼Aを一緒にふるっておく。
▼a しょうがをせん切りにしておく。

作り方

❶ボウルにクーベルチュールチョコレート、カカオマスを入れ、湯煎で溶かす。
❷菜種オイルを数回に分けて加え、その都度泡立て器で静かに混ぜる。
❸グラニュー糖を加え、泡立て器でよく混ぜる。
❹卵をひとつずつ加え、その都度泡立て器でよく混ぜる。
❺Aの半量を入れ、ゴムべらで粉が消えるまで混ぜ、牛乳を加え、ゴムべらで軽く混ぜる。
❻Aの残りを加え、ゴムべらでツヤが出るまで混ぜる。
❼しょうがを加え、ゴムべらで軽く混ぜる。
❽❼を型に流し入れる。
❾170℃のオーブンで60分焼く。

30 タイプ1 ダブルチョコレートカップ with チョコレートフロスティング

材料（直径7cmのマフィン型16個分）※8個で作る場合は材料は半量

菜種オイル…50g
卵…2個
バニラエクストラクト…小さじ1
バターミルク…50g
A
薄力粉…140g
グラニュー糖…200g
ベーキングソーダー…小さじ½
ココアパウダー…25g
塩…ひとつまみ
インスタントコーヒー…40g
お湯…60g
クーベルチュールチョコレート（60%）…120g
チョコレートチップ…70g

〈チョコレートフロスティング〉
クリームチーズ…300g
グラニュー糖…120g
生クリーム…80g
サワークリーム…120g
クーベルチュールチョコレート（60%）…80g

下準備

▼マフィン型に紙カップを敷く。
▼オーブンを180℃に温める。
▼Aを一緒にふるっておく。
▼インスタントコーヒーにお湯を入れて溶かし、熱いうちにクーベルチュールチョコレートを加え、ラップをかけてしばらく置いておく。
▼フロスティング用のクリームチーズは室温に置いて柔らかくし、クーベルチュールチョコレートは湯煎で溶かしておく。

作り方

❶ボウルに菜種オイル、卵、バニラエクストラクトを入れ、泡立て器で混ぜて乳化させる。
❷バターミルクを加え、ゴムべらで静かに混ぜる。
❸Aを入れ、ゴムべらで粉が消えるまで混ぜる。
❹インスタントコーヒーとクーベルチュールチョコレートをゴムべらで滑らかになるまで混ぜて❸に加え、泡立て器でツヤが出るまでよく混ぜる。
❺チョコレートチップを加え、ゴムべらで軽く混ぜる。
❻型に❺をアイスクリームディッシャーで16等分に入れる。
❼180℃のオーブンで20分焼く。
❽a チョコレートフロスティングを作る。ボウルにクリームチーズ、グラニュー糖を入れ、ハンドミキサーでよく混ぜる。生クリーム、サワークリームの順で加え、その都度ハンドミキサーで混ぜ、最後に溶かしたクーベルチュールチョコレートを加え、よく混ぜる。
❾b しっかりと冷ました❼に❽を絞って飾る。

チョコを湯せんで溶かし、粗熱を取る。

生クリームを入れ、ハンドミキサーで混ぜる。

サワークリームを入れ、ハンドミキサーで混ぜる。

クリームチーズ、グラニュー糖を入れ、ハンドミキサーで混ぜる。

チョコを入れてハンドミキサーで混ぜる。

しぼり袋に入れる。

丸口金（Matfer#20）で絞る。

トントンとケーキをたたき、クリームを全体にならす。

31
ホールウィートバナナチョコレートフレークケーキ

バナナとチョコレートの組み合わせは王道の美味しさ。チョコレートを細かくきざんで入れると上品なチョコレート感が出る。

作り方► P.60

32
パンプキンチョコレートケーキ

生地そのものに入れるチョコレートは控えめにしてパンプキンを引き立てる。具材に入れるチョコレートは大きめサイズにしてコントラストを演出。

作り方► P.60

33
チョコレートカップwithミントフロスティング

濃厚なチョコレート生地に爽やかなミント味のフロスティングを添えると、
カップケーキもすっかり大人な味わいに。

作り方► P.61

タイプ2の応用

31 ホールウィートバナナチョコレートフレークケーキ

材料（直径17㎝のシフォンケーキ型1台分）

オリーブオイル…75g
サワークリーム…90g
バニラエクストラクト…小さじ1
卵…1.5個
グラニュー糖…130g
バナナ…170g

A
薄力粉…120g
全粒粉…30g
ベーキングパウダー…小さじ½
ベーキングソーダー…小さじ¾
シナモン…小さじ2
塩…ひとつまみ

チョコレートフレーク…100g

〈仕上げ〉
バナナ…適量
飾り用粉糖…適量

下準備

▼型にハケでオイルを塗り、うすく粉をはたく（材料表外）。
▼オーブンを180℃に温める。
▼Aを一緒にふるっておく。
▼a バナナを粗く潰し、チョコレートを細かくきざんでフレーク状にする。

作り方

❶ボウルにオリーブオイル、サワークリーム、バニラエクストラクトを入れ、ハンドミキサーの低速で滑らかによく混ぜる。
❷別のボウルに卵、グラニュー糖を入れ、ハンドミキサーの低速で軽く混ぜる。
❸❷を❶に入れ、ハンドミキサーの低速で混ぜて乳化させる。
❹b 潰したバナナを加え、ハンドミキサーの低速で軽く混ぜる。
❺Aを入れ、ゴムべらで粉が消えるまで混ぜ、最後にハンドミキサーの低速でツヤが出るまで混ぜる。チョコレートフレークを加え、ゴムべらで軽く混ぜる。
❻❺を型に流し入れ、上に輪切りにしたバナナを飾る。
❼180℃のオーブンで38分焼く。冷めたら、茶こしで粉糖をふる。

タイプ1

32 パンプキンチョコレートケーキ

材料（直径14㎝のシフォンケーキ型2台分）※直径17㎝のシフォン型1台分

菜種オイル…100g
卵…2個
ブラウンシュガー…90g
クーベルチュールチョコレート（60％）…60g
パンプキンピューレ（市販品）…80g

A
薄力粉…130g
ベーキングパウダー…小さじ1
ベーキングソーダー…小さじ¾
シナモン…小さじ2
塩…ひとつまみ

B
かぼちゃ…120g
チョコレートチャンク…80g
くるみ…30g

下準備

▼型にハケでオイルを塗り、うすく粉をはたく（材料表外）。
▼オーブンを180℃に温める。
▼Aを一緒にふるっておく。
▼くるみをローストし（P.8参照）、粗くきざむ。
▼クーベルチュールチョコレートを湯煎で溶かし、かぼちゃをせん切りにしておく。

作り方

❶ボウルに菜種オイル、卵を入れ、泡立て器で混ぜて乳化させる。
❷ブラウンシュガーを加え、ゴムべらでよく混ぜる。
❸a 溶かしたクーベルチュールチョコレート、パンプキンピューレを加え、ゴムべらでよく混ぜる。
❹Aを入れ、ゴムべらで粉が残る程度に混ぜる。
❺b Bを加え、ゴムべらでツヤが出るまでよく混ぜる。
❻❺を型に流し入れ、180℃のオーブンで30分焼く。

33 タイプ2の応用 チョコレートカップ with ミントフロスティング

材料（直径7㎝のマフィン型16個分）※8個で作る場合は材料は半量

菜種オイル…75g
クーベルチュールチョコレート（60％）…80g
カカオマス…80g
グラニュー糖…200g
卵…3個
A 薄力粉…110g
　ベーキングパウダー…小さじ1
　塩…ひとつまみ
牛乳…50g

〈ミントフロスティング〉
クリームチーズ…300g
グラニュー糖…120g
生クリーム…80g
サワークリーム…120g
B フレッシュミント…20g
　グラニュー糖…40g

〈仕上げ〉
ミントの葉…適量

下準備

▼マフィン型に紙カップを敷く。
▼オーブンを170℃に温める。
▼Aを一緒にふるっておく。
▼フロスティング用のクリームチーズは室温に置いて柔らかくし、a Bはミルサーにかけてミントペーストを作る。

ミルサーのカップにグラニュー糖半量を入れて、ミントを入れる。

↓

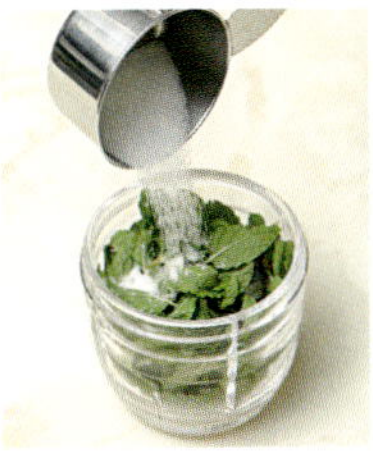

ミントの上に残りのグラニュー糖をかける。

↓

ミルサーにかける。

↓

ペースト状にする。

作り方

❶ボウルにクーベルチュールチョコレート、カカオマスを入れ、湯煎で溶かす。
❷菜種オイルを数回に分けて加え、その都度泡立て器で静かに混ぜる。
❸グラニュー糖を加え、泡立て器でよく混ぜる。
❹卵をひとつずつ加え、その都度泡立て器でよく混ぜる。
❺Aの半量を入れ、ゴムべらで粉が消えるまで混ぜ、牛乳を加え、ゴムべらで軽く混ぜる。
❻Aの残りを加え、ゴムべらでツヤが出るまで混ぜる。
❼❻を型にアイスクリームディッシャーで16等分に入れる。
❽170℃のオーブンで20分焼く。
❾ b ミントフロスティングを作る。ボウルにクリームチーズ、グラニュー糖を入れ、ハンドミキサーでよく混ぜる。生クリーム、サワークリームの順で加え、その都度ハンドミキサーで混ぜ、最後にペースト状にしたミントを加え、よく混ぜる。
❿しっかりと冷ました❽に❾を絞って飾る（P.57参照）。好みでミントの葉を飾る。

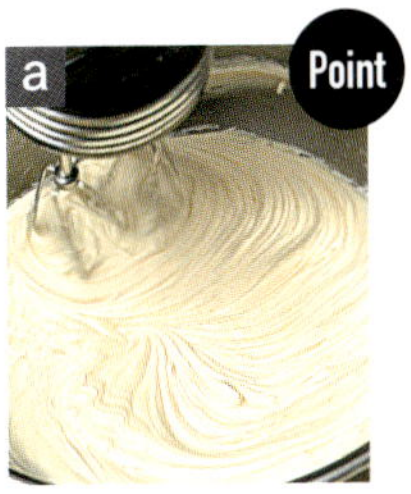

クリームチーズ、グラニュー糖を入れ、ハンドミキサーで混ぜる。

←

生クリームを入れ、ハンドミキサーで混ぜ、サワクリームを入れ、ハンドミキサーで混ぜる。

←

ミントペーストを入れ、ハンドミキサーで混ぜる。

Part 5
コーンミール

タイプ 1

34 プレーンコーンブレッド（S）

香ばしい食感が楽しいコーンブレッドは、クイックブレッドの代表です。
サッと焼いて温かいうちにお召し上がりください。

作り方►P.63

※コーンミール系は焼いてすぐに食べるのが一番おいしい。その日のうちに食べきることが基本です。
※レシピ冒頭に記載されている タイプ 分類はP.6～17参照。

材料（5×9×3.5㎝の小パウンド型4個分）

菜種オイル…50g
卵…1個
サワークリーム…40g
バターミルク（P.75参照）…100g
A
- 薄力粉…50g
- コーンミール※…75g
- グラニュー糖…10g
- ベーキングパウダー…小さじ2.5
- 塩…ひとつまみ

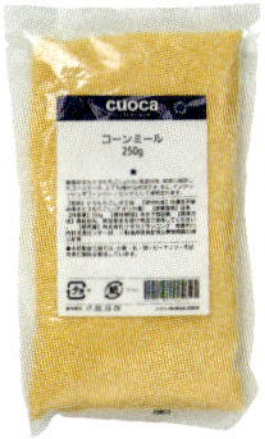

※コーンミールは乾燥とうもろこしの胚乳部分を粉状に粉砕したもの。

下準備

▼型にハケでオイルを塗り、うすく粉をはたく（材料表外）。
▼オーブンを180℃に温める。
▼Aを一緒にふるっておく。

❶ 乳化させる

1 ボウルに菜種オイル、卵、サワークリームを入れる。

▼

泡立て器で混ぜて乳化させる。

❷ 混ぜる

2 バターミルクを加え、泡立て器でよく混ぜる。

3 Aを入れる。

▼

泡立て器でツヤが出るまでよく混ぜる。

❹ 型に入れて焼く

4 ❸を型に4等分に流し入れる。

5 180℃のオーブンで22分焼く。

タイプ 1

35 ブルーチーズ＆ハニーローフ（S）

塩味の効いたケーキ生地にコーンミールを入れて香ばしく。
ブルーチーズの風味もクセになる、ワインと楽しみたいひと品です。

作り方► P.65

材料（パウンド型1台分）

- 菜種オイル…75g
- 卵…1.5個
- グラニュー糖…80g
- バターミルク（P.75参照）…40g
- はちみつ…20g
- A
  - 薄力粉…100g
  - コーンミール…40g
  - ベーキングパウダー…小さじ1
  - 塩…小さじ¾
- ブルーチーズ…80g
- くるみ…30g

〈仕上げ〉

- くるみ…15g

下準備

- ▼型にオーブンシートを敷く。
- ▼オーブンを180℃に温める。
- ▼Aを一緒にふるっておく。
- ▼くるみをローストし（P.8参照）、粗くきざむ。
- ▼ブルーチーズをほぐしておく。

※製菓用の臭みがマイルドなものがおすすめですが、無ければ食事用でOKです。

❶ 乳化させる

1 ボウルに菜種オイル、卵を入れる。

▼

泡立て器で混ぜて乳化させる。

❷ 混ぜる

2 グラニュー糖を加え、ゴムべらでよく混ぜる。

3 バターミルク、はちみつを加え、ゴムべらでよく混ぜる。

4 Aを入れる。

▼

泡立て器でツヤが出るまでよく混ぜる。

5 ブルーチーズ、くるみを加え、ゴムべらで軽く混ぜる。

❹ 型に入れて焼く

6 5を型に流し入れ、飾り用のくるみをのせる。

7 180℃のオーブンで45分焼く。

36
オレンジコーンブレッド

コーンブレッドをちょっとだけスイートな味わいに。
爽やかなオレンジの香りとともに。

作り方► P.68

37
メープル＆ベーコンコーンブレッド(S)

メープルのほのかな甘みと塩味の効いたベーコンが
絶妙な組み合わせです。

作り方► P.69

36

タイプ1 オレンジコーンブレッド

材料（直径7㎝マフィン型6個分）

アーモンドオイル…50g
卵…1個
サワークリーム…40g
オレンジの皮（すりおろし）…5g
バターミルク（P.75参照）…50g
オレンジ果汁…40cc

A
薄力粉…50g
アーモンドパウダー…25g
コーンミール…50g
グラニュー糖…30g
ベーキングパウダー…小さじ2.5
塩…ひとつまみ

〈仕上げ〉
オレンジの輪切り…6枚

下準備

▼型にハケでオイルを塗り、うすく粉をはたく（材料表外）。
▼オーブンを180℃に温める。
▼Aを一緒にふるっておく。
▼オレンジの皮をすりおろし、残りの皮を取り果肉を輪切りにしておく。
▼オレンジ果汁をしぼっておく。

作り方

❶ボウルにアーモンドオイル、卵、サワークリーム、オレンジの皮すりおろしを入れ、泡立て器で混ぜて乳化させる。
❷バターミルクを加え、泡立て器でよく混ぜる。
❸ a オレンジ果汁を加え、ゴムべらで軽く混ぜる。
❹Aを入れ、泡立て器でツヤが出るまでよく混ぜる。
❺❹を型にアイスクリームディッシャーで6等分に入れる。
❻180℃のオーブンで b 5分焼いたらオレンジの輪切りをのせ、さらに18分焼く。

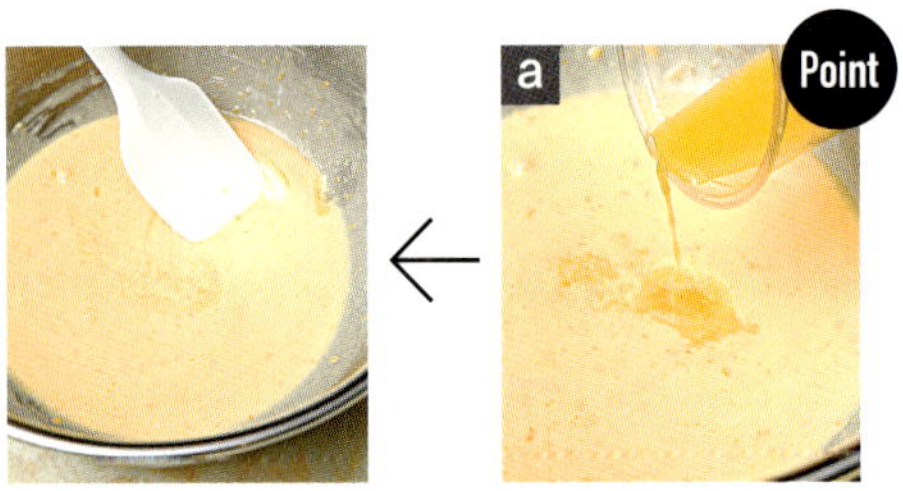

37

タイプ1

メープル&ベーコンコーンブレッド（S）

材料（8×18×8㎝のパウンド型1台分）

菜種オイル…25g
オリーブオイル…25g
卵…1個
サワークリーム…40g
バターミルク（P.75参照）…50g
メープルシロップ…40g

A
- 薄力粉…50g
- コーンミール…75g
- グラニュー糖…10g
- ベーキングパウダー…小さじ2.5
- 塩…ひとつまみ

ベーコン（炒めたもの）…40g

〈仕上げ〉
ベーコン…1枚

下準備

▼型にオーブンシートを敷く。
▼オーブンを180℃に温める。
▼Aを一緒にふるっておく。
▼a ベーコンを5㎜幅にカットし、フライパンで香ばしく炒める。
▼飾り用のベーコンはカットせず、フライパンで軽く焼いておく。

作り方

❶ b ボウルに菜種オイル、オリーブオイル、卵、サワークリームを入れ、泡立て器で混ぜて乳化させる。
❷ バターミルク、メープルシロップを加え、泡立て器でよく混ぜる。
❸ Aを入れ、泡立て器でツヤが出るまでよく混ぜる。
❹ ベーコンを加え、ゴムべらで軽く混ぜる。
❺ ❹を型に流し入れ、上にベーコンを飾る。
❺ 180℃のオーブンで28分焼く。

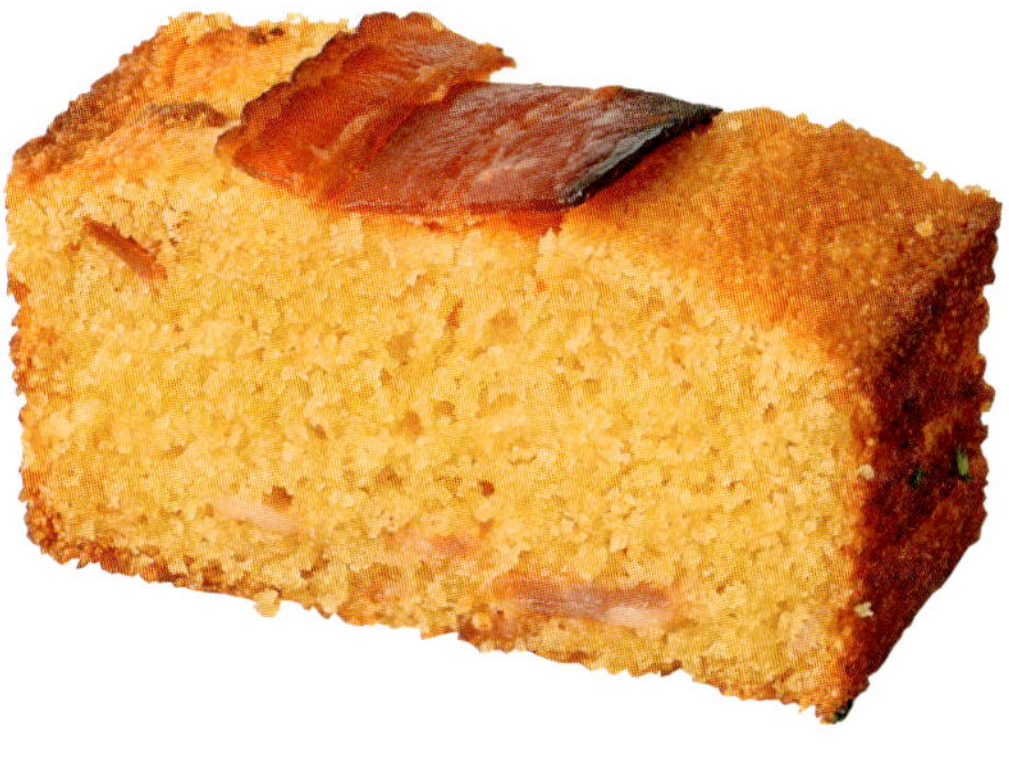

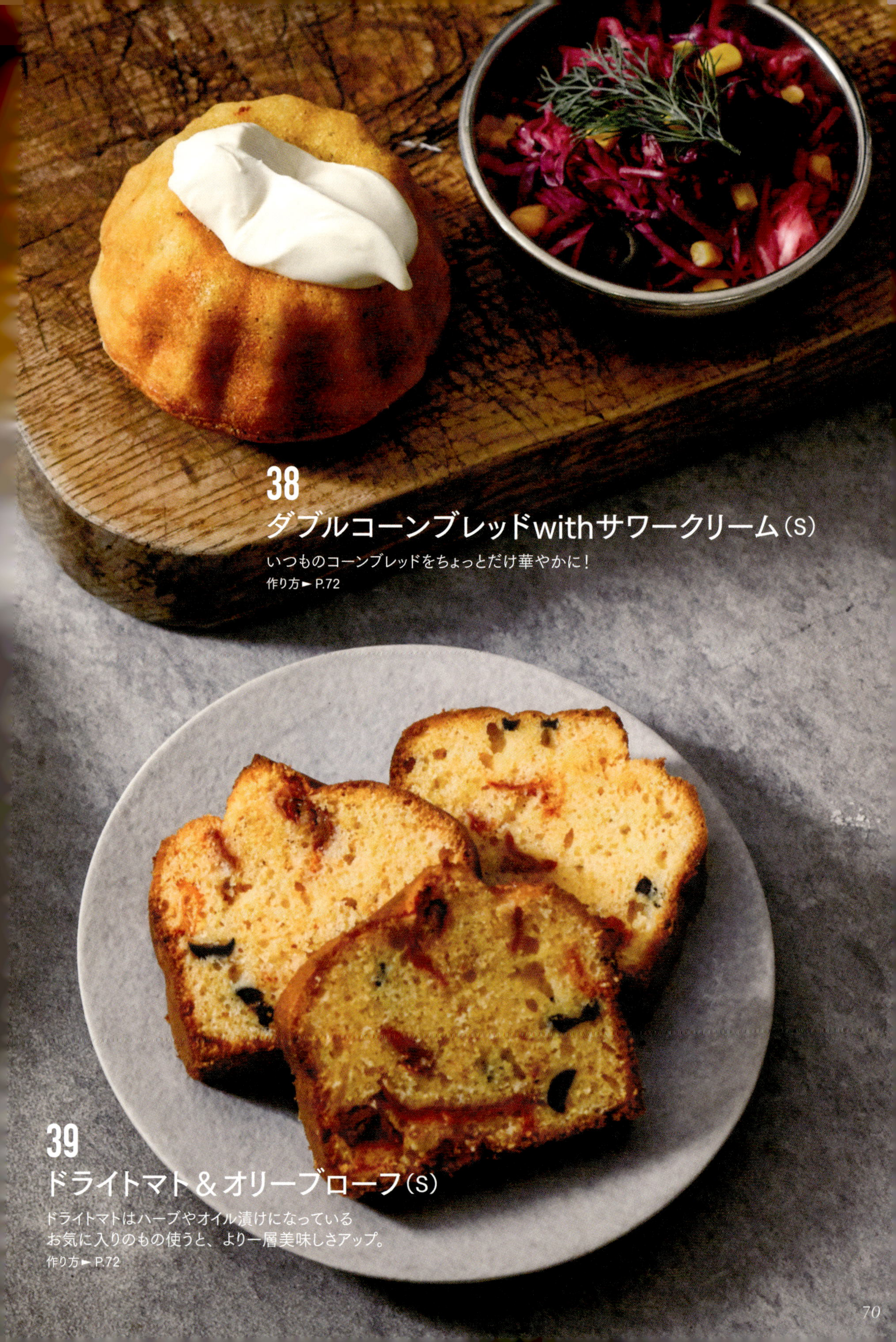

38
ダブルコーンブレッドwithサワークリーム（S）

いつものコーンブレッドをちょっとだけ華やかに！

作り方► P.72

39
ドライトマト＆オリーブローフ（S）

ドライトマトはハーブやオイル漬けになっている
お気に入りのもの使うと、より一層美味しさアップ。

作り方► P.72

40
チーズコーンブレッドwithハーブクリーム（S）

チーズの風味とハーブの爽やかさで、風味も華やかに。

作り方► P.73

38 タイプ1 ダブルコーンブレッド with サワークリーム（S）

材料（直径10.5cmの小クグロフ型2個分）

菜種オイル…50g
卵…1個
サワークリーム…40g
バターミルク（P.75参照）…100g
A
- 薄力粉…50g
- コーンミール…75g
- グラニュー糖…10g
- ベーキングパウダー…小さじ2.5
- 塩…ひとつまみ

スイートコーン…80g
パセリ…5g
〈仕上げ〉
サワークリーム…40g
グラニュー糖…1g

下準備

▼型にハケでオイルを塗り、うすく粉をはたく（材料表外）。
▼オーブンを180℃に温める。
▼Aを一緒にふるっておく。
▼スイートコーンの水気を切り、パセリはきざんでおく。

作り方

❶ボウルに菜種オイル、卵、サワークリームを入れ、泡立て器で混ぜて乳化させる。
❷バターミルクを加え、泡立て器でよく混ぜる。
❸Aを入れ、泡立て器でツヤが出るまでよく混ぜる。
❹a ❸にスイートコーン、パセリを加え、ゴムべらで軽く混ぜる。
❺b ❹を型に2等分に流し入れる。
❻180℃のオーブンで25分焼く。
❼サワークリームとグラニュー糖を混ぜ、❻に落として仕上げる。

39 タイプ1 ドライトマト&オリーブローフ（S）

材料（8×18×8cmのパウンド型1台分）

オリーブオイル…75g
卵…1.5個
グラニュー糖…80g
バターミルク（P.75参照）…60g
A
- 薄力粉…100g
- コーンミール…40g
- ベーキングパウダー…小さじ1
- 塩…小さじ¾

ドライトマト…80g
ブラックオリーブ…40g

下準備

▼型にオーブンシートを敷く。
▼オーブンを180℃に温める。
▼Aを一緒にふるっておく。
▼a ドライトマトをざっくりときざみ、ブラックオリーブを食べやすい厚みにカットする。

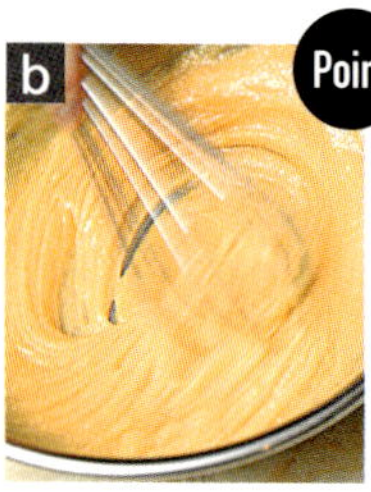

作り方

❶ボウルにオリーブオイル、卵を入れ、泡立て器で混ぜて乳化させる。
❷グラニュー糖を加え、ゴムべらでよく混ぜる。
❸バターミルクを加え、ゴムべらでよく混ぜる。
❹b Aを入れ、泡立て器でツヤが出るまでよく混ぜる。
❺ドライトマト、ブラックオリーブを加え、ゴムべらで軽く混ぜる。
❻❺を型に流し入れる。
❼180℃のオーブンで45分焼く。

40

タイプ1

チーズコーンブレッド with ハーブクリーム（S）

材料（直径10.5㎝の小クグロフ型2個分）

菜種オイル…50g
卵…1個
サワークリーム…40g
バターミルク（P.75参照）…100g

A
- 薄力粉…50g
- コーンミール…75g
- グラニュー糖…10g
- ベーキングパウダー…小さじ2.5
- ペッパー…小さじ½
- 塩…ひとつまみ

チェダーチーズ…60g

〈仕上げ〉

B
- ディル…1g
- イタリアンパセリ…1g
- サワークリーム…40g
- グラニュー糖…1g

下準備

▼型にハケでオイルを塗り、うすく粉をはたく（材料表外）。
▼オーブンを180℃に温める。
▼Aを一緒にふるっておく。
▼a チェダーチーズをほぐしておく。

作り方

❶ボウルに菜種オイル、卵、サワークリームを入れ、泡立て器で混ぜて乳化させる。
❷バターミルクを加え、泡立て器でよく混ぜる。
❸Aを入れ、泡立て器でツヤが出るまでよく混ぜる。
❹チェダーチーズを加え、ゴムべらで軽く混ぜる。
❺❹を型に2等分に流し入れる。
❻180℃のオーブンで25分焼く。
❼b Bのハーブは細かく刻み、サワークリーム、グラニュー糖と混ぜる。食べるときに❻に落として仕上げる。

この本で使うオイル

菜種オイル

この本の基本は菜種オイル。

オリーブオイル

オリーブオイルは、ブルーチーズやオレンジなどひとクセあるものに使用しています。

グレープシードオイル

ズッキーニのケーキに使用。グレープシードオイルを使うことでよりヘルシーに。

ウォールナッツオイル

ナッツ系のケーキに使用。

アーモンドオイル

アーモンドパウダーやアーモンドを使用したケーキに。

パンプキンオイル

かぼちゃを使ったケーキに使用。

基本の材料

アーモンドパウダー

アーモンドを粉状にしたもの。独特の風味が加わり、しっとり感が増します。アーモンドプードルも同意のフランス語です。

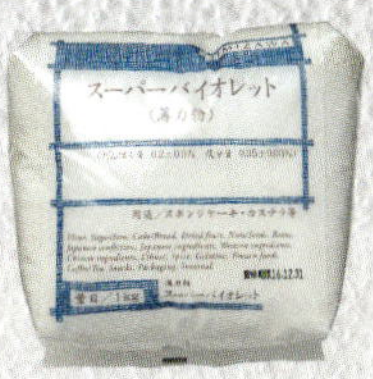

薄力粉

弾力をほどよく抑えてあり、製菓に向いている小麦粉。使うときにはふるいにかけて、他の材料と合わせたときにダマが残らないようにします。

ブラウンシュガー

精製されていない色のついた砂糖。自然な甘みとコクや香りをプラスできます。

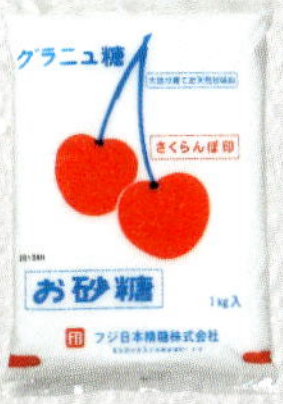

グラニュー糖

白く精製された砂糖の一種。上白糖よりも結晶が大きく香りやクセがないので素材の味を生かせます。

サワークリーム

生クリームに乳酸菌を加えて発酵させたもので、焼き菓子の生地に加えるとしっとりと焼き上がります。

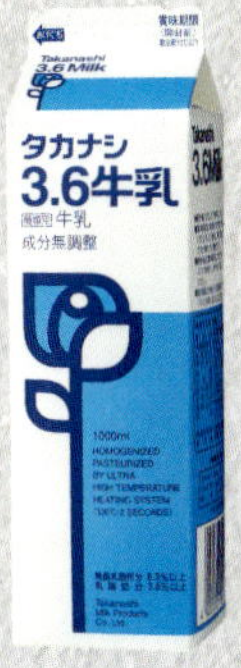

牛乳

本書では3.6濃度の牛乳を使用しています。オイルケーキの場合は冷蔵庫から出してすぐに使用してOK。

バターミルク

牛乳とヨーグルトを半々で混ぜ合わせて使用。オイルケーキをリッチに仕上げる材料のひとつ。

卵

この本ではMサイズのものを使用しています。できるだけ新鮮なものを選びましょう。オイルケーキの場合は冷蔵庫から出してすぐに使用してOK。

塩

塩味の効いた焼き菓子は人気のひとつ。甘いお菓子にもほんのひとつまみ使うと味が引き締まります。

生クリーム

動物性の生クリームを使用。植物性のものや、乳脂肪分が低いタイプのものは仕上がりが変わってしまうので、乳脂肪35%以上のものを選びましょう。

ベーキングソーダ

膨張剤の一種でいわゆる「重曹」。生地を茶色く変化させる作用があります。

ベーキングパウダー

膨張剤の一種。ベーキングソーダに比べるとクセがなく、イーストのように発酵させる手間もないため使いやすいです。

道具について

ボウル

材料を次から次へと加えるため、使いやすいサイズは直径27cm。他に21cmと15cmをそろえるのがおすすめ。

ハンドミキサー

電動式なので力が必要なく手早く混ぜられ、生地につやがでます。上手な使い方は、高速と低速を使いわけ、ミキサーがぶれないようにヘッド部分を人差し指と親指ではさんで固定しながら持つとこと。

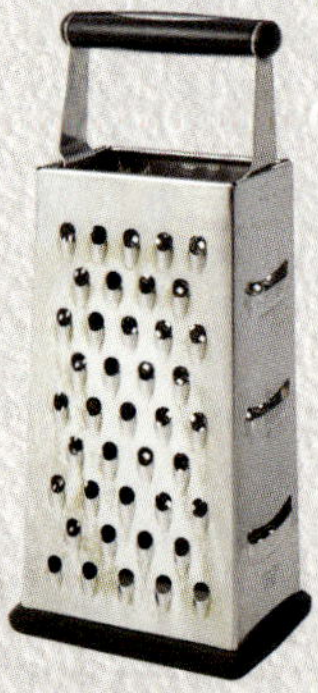

泡立て器

オイルと卵を乳化させたりするときに使用します。自分の手になじむサイズを選ぶのがコツ。

シュレッダー

野菜などをおろすのには4面のチーズおろしが便利。面によって穴の大きさがさまざまで、せん切りやすりおろしなどがこれひとつでできます。無い場合はピーラー、包丁でせん切りでも代用可です。

アイスクリームディッシャー

マフィン生地を型に入れるときに使うと簡単に等分に入れられます。18号サイズを使用していますが、さらに小さい28号もあると便利。

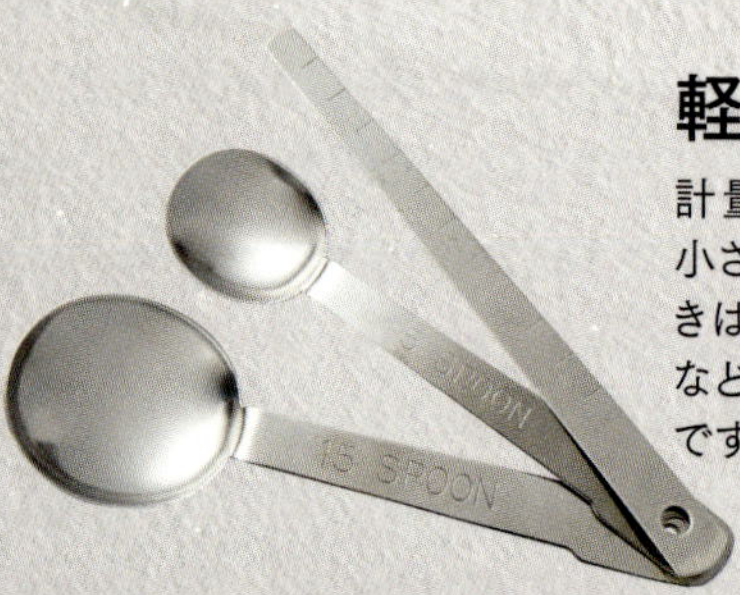

軽量スプーン

計量スプーンは大さじ15mlと小さじ5mlを使用。計量するときはすりきり棒やスプーンの柄などで平らにすりきるのが基本です。

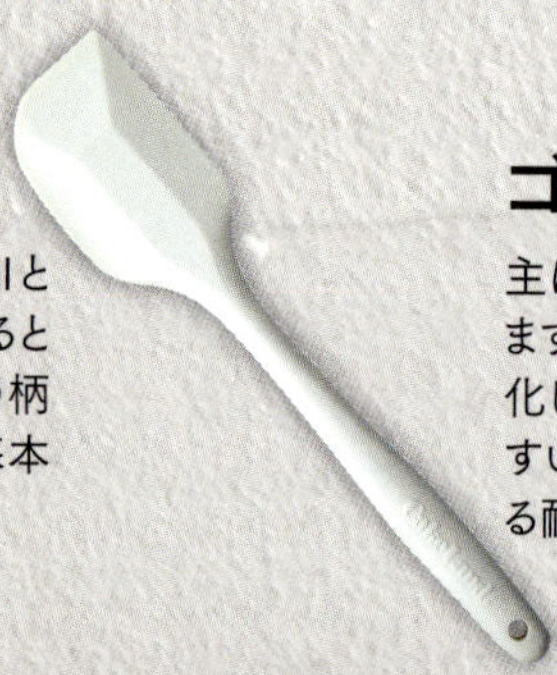

ゴムべら

主に粉類を混ぜるときに使用します。ヘラと持ち手部分が一体化しているものが力加減がしやすいです。熱いものも混ぜられる耐熱シリコン製がおすすめ。

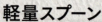

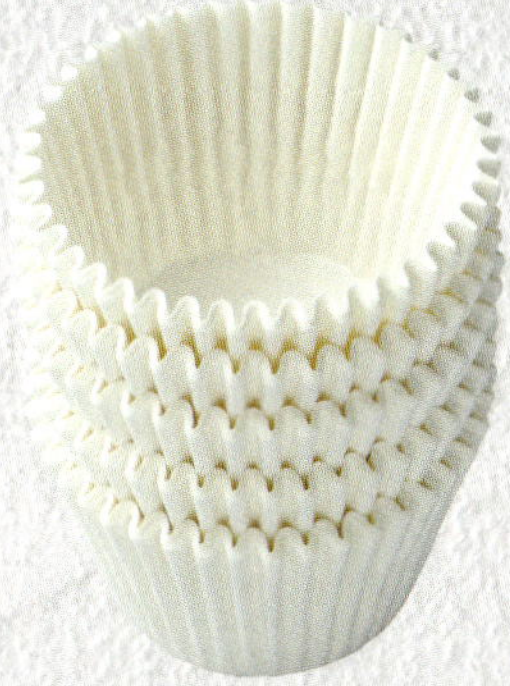

紙カップ（グラシンカップ）

マフィンの底紙として使用します。耐熱性に優れたカップです。

スケール

誤差がなく計量できるデジタルのはかりがおすすめです。0.1g単位まで表示できるタイプを選びます。

ふるい

薄力粉やベーキングパウダーなど数種類の粉類を合わせて使うときにふるっておけば、自然に混ざり、ダマがなくなります。一度ふるってあわせたMIX粉は再びふるう必要はありません。

底取丸型

直径18㎝のアルタイト素材のものを使用。

マフィン型

直径7㎝型で、深さは4㎝を使用。

パウンド型

大サイズは縦18×横8×高さ（深さ）8㎝、小サイズは5×9×3.5㎝のものを使っています。

小クグロフ型

直径10.5㎝のものを使用。中心に穴があいてるので、家庭用オーブンでも短時間で均等に焼けます。

シフォン型

本書ではリング状のケーキを焼く型として、直径17㎝のシフォン型を使用しています。本書のケーキを冷ますときにはシフォンケーキのように逆さまにしなくて大丈夫です。

型の使い方

型に合わせたオーブンシート、カップの使い方

オーブンシートの作り方、敷き方

パウンド型

底の部分を型の内寸に合わせて、角をＶ字にカット。

シートの折り目は狭い面の側に来るように。大きい面に来ると折り目がケーキの側面に出て、きれいに仕上がらない。

ケーキの角《かど》をきれいに出すために、爪でシートを角に押し付ける。

マフィン型

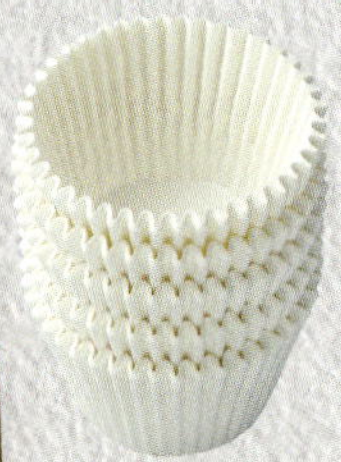

型に紙カップを敷く。

底取丸型

写真のようにオーブンシートを折って、端をはさみでカットすると円形になる。

側面部分をつくり、底面の淵に切り込みを入れる。

型にオイルを薄く塗り、底面→側面の順に貼る。

小クグロフ型

型に刷毛で薄くオイルを塗る。▶粉を全体にまぶしてから、逆さまにして何かにコンコンあててふるい落とす。

▶

角が丸い型や、オーブンシートを敷かない場合の対応 「グリース」方法

1 オイルを塗る

オイルを刷毛を使って薄く塗る。指で塗るとムラになるので NG。

シフォン型

軸を抜いて、底面→軸の順にオイルを塗る。

側面にもオイルを塗る。ただし生地がくっついて外れなくなるので、底面にはオイルを塗らないこと。

パウンド型

オイルは底面と四方側面に塗る。

マフィン型

底と側面にオイルを塗る。

2 粉を薄くふる

オイルだけだと生地がくっついてしまうのと、生地がきれいにふくらむのに必要。

シフォン型

次に、茶こしで軸→側面の順に粉をふる。余分な粉は軸を押さえて、何かにコンコンあてててふるい落とす。

パウンド型

次に、粉を型に入れて、全体にまぶしつけてから逆さまにして何かにコンコンあてててふるい落とす。

マフィン型

次に、茶こしで粉をふり、型を逆さまにして何かにコンコンあてててふるい落とす。

Profile

吉野陽美《よしのあきみ》

西荻窪にあるAmy's Bakeshop（エイミーズ・ベイクショップ）のオーナー。建築の仕事をしながら、ル・コルドンブルー東京・代官山校で製菓を学ぶ。年に数回行くニューヨークの焼き菓子に魅了され、2010年にお店をオープン。

◆Amy's Bakeshop（エイミーズ・ベイクショップ）
http://amysbakeshop.com/
〒167-0042　東京都杉並区西荻北2-26-8　1F
TEL 03-5382-1193

STAFF
スタイリング：吉野陽美
撮影：伊藤泰寛（講談社写真部）
装幀・デザイン：田中小百合（オスズデザイン）

初心者《しょしんしゃ》でも失敗《しっぱい》なし！ バターなしでリッチに仕《し》上《あ》げる オイルケーキ

2017年11月9日　第1刷発行

著　者　吉野陽美《よしのあきみ》
発行者　鈴木　哲
発行所　株式会社講談社
〒112-8001　東京都文京区音羽2-12-21
販売　TEL03-5395-3606
業務　TEL03-5395-3615
編　集　株式会社　講談社エディトリアル
代　表　堺　公江
〒112-0013　東京都文京区音羽1-17-18
護国寺SIAビル6F
編集部　TEL03-5319-2171
印刷所　半七写真印刷工業株式会社
製本所　大口製本印刷株式会社

N.D.C.594 79p 26cm ISBN978-4-06-509106-7